# L'ÉGLISE

# VERS UNE VISION COMMUNE

# L'ÉGLISE

# VERS UNE VISION COMMUNE

Document de Foi et Constitution n° 214

UNITÉ CHRÉTIENNE

L'ÉGLISE
Vers une vision commune
Document de Foi et constitution n° 214



Maquette et composition : Stephen Brown
Imprimé par BoD – Books on Demand, Norderstedt

ISBN : 979-10-94234-00-6
Dépôt légal : novembre 2014

Publié avec Unité Chrétienne
par la Fédération protestante de France


Unité Chrétienne
7 place Saint Irénée
69005 Lyon
www.unitechretienne.org

Fédération protestante de France
47 rue de Clichy
75311 Paris cedex 09
www.protestants.org

# TABLE DE MATIÈRES

# *Avant-propos*

Lors de mes visites aux Églises autour du monde, je me trouve souvent confronté à des remises en cause de l'unité entre les Églises et même au sein des Églises. Les nombreux dialogues œcuméniques entre Églises et entre familles ecclésiales constituent une réalité qui, elle aussi, contribue aux relations multilatérales entre elles ; ils permettent de créer de nouvelles relations. Pourtant, beaucoup de gens manifestent une certaine et compréhensible impatience : ils voudraient que la réception des dialogues et accords œcuméniques avance plus activement. Certaines Églises et familles d'Églises découvrent aussi des questions nouvelles qui sont en puissance des sources de division. Il semble aussi que, dans certaines Églises, le mouvement œcuménique ait moins de dynamisme et compte moins de porte-paroles engagés qu'autrefois. On constate une tendance à la fragmentation, une propension à se concentrer sur ce qui unit le petit nombre plutôt que le grand nombre. Bien entendu, les nouveaux enjeux n'étouffent pas l'appel à l'unité, bien au contraire. Cependant, il nous faut aussi voir un plus grand nombre d'aspects de cet appel à l'unité et nous souvenir que nous sommes toujours étreints par l'amour et appelés à l'amour (cf. 1 Co 13).

C'est dans ce contexte que la Commission de Foi et constitution du COE nous offre une déclaration sur l'Église, fruit de ses nombreuses années de travail sur l'ecclésiologie. Faisant suite au document *Baptême, Eucharistie, Ministère* (1982) et aux réactions des Églises à ce texte, *L'Église – Vers une vision commune* a été reçu, en 2012, par le Comité central, qui l'a transmis aux Églises en les encourageant à réfléchir plus avant sur l'Église et en leur demandant leurs réactions officielles. Cette étude et le processus de réactions qui l'accompagne joueront un rôle important au cours de ces prochaines années pour discerner les étapes ultérieures du chemin vers l'unité visible. La réflexion sur l'ecclésiologie touche à tout ce qu'est l'Église et à ce que sa mission implique dans et pour le monde. Dans ce sens, *L'Église – Vers une vision commune* est enraciné dans la nature et la mission de l'Église.

Ce texte reflète les objectifs constitutionnels et l'identité propre du COE, communauté fraternelle d'Églises qui s'appellent mutuellement à l'objectif de l'unité visible.

L'unité est un don de vie et un don d'amour, pas un principe d'unanimité ou d'unilatéralisme. Du fait que nous constituons une communauté fraternelle d'Églises, nous avons vocation d'exprimer l'unité de la vie qui nous est donnée en Jésus Christ – par sa vie, sa croix et sa résurrection – afin que la désunion, le péché et le mal soient vaincus. Car, ainsi que le proclame l'Église : « Le Royaume de Dieu, que Jésus a prêché en révélant la Parole de Dieu en paraboles et qu'il a inauguré par ses actes de puissance, en particulier par le mystère pascal de sa mort et de sa résurrection, est la destinée ultime de l'univers tout entier. Dieu a voulu l'Église non pas pour elle-même mais pour servir le plan divin en vue de la transformation du monde » (§ 58).


*Olav Fykse Tveit*
Secrétaire général
Conseil œcuménique des Églises

# *Préface*

Le texte de convergence : *L'Église – Vers une vision commune* relève de la vision biblique de l'humanité : « En effet, prenons une comparaison : le corps est un, et pourtant il a plusieurs membres ; mais tous les membres du corps, malgré leur nombre, ne forment qu'un seul corps : il en est de même du Christ. Car nous avons tous été baptisés dans un seul Esprit en un seul corps, Juifs ou Grecs, esclaves ou hommes libres, et nous avons tous été abreuvés d'un seul Esprit. » (1 Co 12,12-13).

Le but premier de la Commission de Foi et constitution est de « servir les Églises qui s'appellent mutuellement à l'unité visible en une seule foi et en une seule communauté eucharistique, exprimée dans le culte et dans la vie commune en Christ, par le témoignage et le service au monde, et progresser vers cette unité afin que le monde croie » (Statuts, 2012).

L'objectif de cet appel mutuel à l'unité visible implique nécessairement que les Églises se reconnaissent mutuellement en tant qu'Églises, en tant qu'expressions vraies de ce que le Credo appelle « l'Église une, sainte, catholique et apostolique ». Pourtant, dans la situation anormale que constitue la division ecclésiale, la réflexion des Églises sur la nature et la mission de l'Église a fait suspecter que les différentes ecclésiologies confessionnelles étaient non seulement divergentes mais encore inconciliables. C'est pourquoi on considère depuis longtemps qu'un accord sur l'ecclésiologie est l'objectif théologique le plus fondamental de la quête de l'unité des chrétiens. Ce second texte de convergence de Foi et constitution fait suite au premier : *Baptême, Eucharistie, Ministère* (1982) – et aux réactions officielles à ce document – qui a cerné des domaines clefs de l'ecclésiologie dans lesquels les études devaient se poursuivre ; [1] il fait également suite aux questions

---

[1] Cf. *Baptême, Eucharistie, Ministère, 1982 – 1990, Rapport sur le processus « BEM » et les réactions des Églises*, document de Foi et constitution n° 149, Cerf, Paris 1993, pp. 170-175.

ecclésiologiques soulevées dans le document d'étude : *One Baptism : Towards Mutual Recognition* (2011).

Pendant vingt ans, les représentant-e-s délégué-e-s des Églises orthodoxes, protestantes, anglicanes, évangéliques, pentecôtistes et catholique romaine ont, lors d'une Conférence mondiale de Foi et constitution (1993), de trois réunions plénières de la Commission de Foi et constitution (1996, 2004, 2009), de dix-huit réunions de la Commission permanente et d'innombrables séances de rédaction, tenté de dégager une vision globale, multilatérale et œcuménique de la nature, du but et de la mission de l'Église. Les Églises ont fait part de leurs réactions et critiques constructives aux deux premières ébauches d'une déclaration commune. La Commission de Foi et constitution répond à ces Églises par le présent document : *L'Église – Vers une vision commune,* qui constitue sa déclaration commune – ou déclaration de convergence – sur l'ecclésiologie. La convergence à laquelle elle est parvenue dans ce document constitue un progrès œcuménique extraordinaire.

Si la Commission de Foi et constitution envoie *L'Église – Vers une vision commune* aux Églises en leur demandant de l'étudier et de lui communiquer leurs réactions, c'est dans deux intentions distinctes mais étroitement liées entre elles. La première est le renouveau : du fait qu'il s'agit d'un texte œcuménique multilatéral, on ne saurait l'identifier exclusivement à une quelconque tradition ecclésiologique particulière. Au cours du long processus qui s'est déroulé de 1993 à 2012, les expressions théologiques et expériences ecclésiales de nombreuses Églises se sont rapprochées à un tel point que les Églises qui liront ce texte pourront se sentir appelées à vivre plus pleinement la vie ecclésiale ; d'autres y découvriront peut-être des aspects de la vie ecclésiale et de sa nature qui ont été négligés ou oubliés ; d'autres encore pourront y trouver une confirmation et un réconfort. À mesure que les chrétiens vivent plus intensément la croissance en Christ, ils constateront qu'ils se rapprochent de plus en plus les uns des autres, et qu'ils vont s'identifiant progressivement à l'image biblique du corps unique : « Car nous avons tous été baptisés dans un seul Esprit en un seul corps, Juifs ou Grecs, esclaves ou hommes libres, et nous avons tous été abreuvés d'un seul Esprit ».

Le second objectif est l'accord théologique sur l'Église. Le processus de réactions officielles qui a suivi *Baptême, Eucharistie, Ministère* fut tout aussi important que la convergence à laquelle Foi et constitution était parvenu dans ce texte. Les six volumes de réactions publiés ont manifesté les différents niveaux de convergences constatées entre les Églises elles-mêmes sur les questions clefs touchant au baptême, à l'eucharistie et au ministère. Les effets de la convergence ecclésiale exprimée dans *Baptême, Eucharistie, Ministère* en direction de l'unité des chrétiens sont bien attestés, et ils se poursuivent. Les réactions à *L'Église – Vers une vision commune* non seulement permettront de jauger la convergence réalisée par Foi et constitution mais, en outre, elles reflèteront le niveau de convergence entre les Églises sur l'ecclésiologie.

Tout comme les convergences sur le baptême exprimées dans les réactions à *Baptême, Eucharistie, Ministère* ont relancé les efforts de reconnaissance mutuelle du baptême, une convergence ecclésiale identique sur l'ecclésiologie jouera un rôle décisif dans la reconnaissance mutuelle entre les Églises qui s'appellent mutuellement à l'unité visible dans une seule foi et une seule communauté eucharistique.

Pour la Commission de Foi et constitution, « les réactions des Églises », ce sont celles des Églises qui sont membres de la Commission de Foi et constitution ainsi que de la communauté fraternelle que constitue le Conseil œcuménique des Églises. Il est également à espérer que les Églises qui découvrent le mouvement œcuménique accepteront l'invitation à étudier et commenter ce texte. La Commission espère aussi recevoir des réactions d'organismes œcuméniques tels que les conseils nationaux et régionaux d'Églises ainsi que des communions chrétiennes mondiales, dont les dialogues officiels entre elles ont beaucoup apporté à la convergence qu'exprime *L'Église – Vers une vision commune*. À la fin de l'Introduction à ce document, on trouvera les questions spécifiques que Foi et constitution pose aux Églises pour guider leur processus de réaction. Ces questions sur lesquelles la Commission demande aux Églises de se pencher et auxquelles elle les invite à répondre sont d'ordres théologique, pratique et pastoral. La Commission demande que ces réactions officielles soient communiquées au Secrétariat de Foi et constitution, au Conseil œcuménique des Églises, au plus tard le 31 décembre 2015.

Étant donné qu'il a fallu deux décennies pour parvenir à ce document, nous tenons à exprimer nos remerciements aux personnes qui ont contribué à sa réalisation — par leur travail, leurs prières et leurs apports théologiques : les membres de la Commission de Foi et constitution, les Églises et les théologiens qui ont fait connaître leurs réactions à *La nature et le but de l'Église* (1998) et à *La nature et la mission de l'Église* (2005), les membres du Secrétariat de Foi et constitution ainsi que nos prédécesseurs à la présidence et à la direction de la Commission de Foi et constitution.

<table>
<tr><td>

*Chanoine John Gibaut*
Directeur
Commission de Foi et constitution

</td><td>

*Métropolite Vasilios de Constantia et d'Ammochostos*
Président
Commission de Foi et constitution

</td></tr>
</table>

# INTRODUCTION

« Que ta volonté soit faite » – ces mots, d'innombrables fidèles de toutes les Églises chrétiennes les prient chaque jour. Jésus lui-même, au jardin de Gethsémani, a prononcé des mots semblables peu avant d'être arrêté (cf. Mt 26,39-42 ; Mc 14,36 ; Lc 22,42). En outre, dans l'évangile de Jean, il a révélé sa volonté pour l'Église lorsqu'il a prié pour demander à son Père que tous ses disciples fussent un afin que le monde croie (cf. Jn 17,21). Donc, prier que la volonté du Seigneur soit faite exige nécessairement que l'on s'efforce de tout cœur de se conformer à sa volonté que l'unité se fasse et au don qu'il nous fait de l'unité. Le texte présenté ici : *L'Église – Vers une vision commune* traite de ce que beaucoup considèrent être le problème le plus difficile auquel sont confrontées les Églises pour surmonter les obstacles qui les empêchent encore de vivre concrètement le don de communion que leur fait le Seigneur : notre conception de la nature de l'Église elle-même. La grande importance de ce don et de cet objectif révèle bien le poids des questions qui seront traitées dans les pages ci-après.

Notre intention est de proposer un texte de convergence, c'est-à-dire un texte qui, s'il n'exprime pas un consensus total sur toutes les questions abordées, est beaucoup plus qu'un simple instrument destiné à stimuler des recherches supplémentaires. Plus précisément, les pages qui suivent exposent dans quelle mesure les communautés chrétiennes sont parvenues à une conception commune de l'Église, elles montrent les progrès réalisés et indiquent le travail qui reste à faire. Ce texte a été élaboré par la Commission de Foi et constitution, qui a pour objectif – comme le Conseil œcuménique des Églises dans son ensemble – de servir les Églises « qui s'appellent mutuellement à tendre vers l'unité visible en une seule foi et en une seule communauté eucharistique, exprimée dans le culte et dans la vie commune en Christ, à travers le témoignage et le service au monde, et de progresser vers cette unité afin que le monde croie ».[1]

---

[1] L. N. Rivera-Pagán (dir.) : *God in Your Grace : Official Report of the Ninth Assembly of the World Council of Churches*, COE, Genève 2007, p. 448.

Cette unité visible trouve une expression particulièrement éloquente dans la célébration de l'eucharistie, laquelle glorifie le Dieu Trine et rend l'Église capable de participer à la mission de Dieu pour la transformation et le salut du monde. La présente déclaration s'appuie sur les réactions des Églises aux travaux réalisés ces dernières années par Foi et constitution dans le domaine de l'ecclésiologie ainsi que sur des documents œcuméniques antérieurs qui recherchaient une convergence par le moyen d'une réflexion commune sur la Parole de Dieu dans l'espoir que, sous l'inspiration du Saint Esprit, le don de l'unité que nous a fait le Seigneur pourra être pleinement réalisé. Il s'agit donc de l'aboutissement d'un dialogue au niveau multilatéral, avec en particulier les réactions des Églises au document *La nature et la mission de l'Église*, les suggestions faites par la réunion de la Commission plénière de Foi et constitution qui s'est tenue en Crète en 2009 et les contributions du colloque orthodoxe qui s'est tenu à Chypre en 2011. En outre, ce texte s'inspire des progrès enregistré dans de nombreux dialogue bilatéraux qui, ces dernières décennies, ont repris ce thème de « l'Église ».[2]

Nous espérons que *L'Église – Vers une vision commune* aura une triple utilité pour les Églises : (1) en leur présentant une synthèse des résultats auxquels le dialogue œcuménique est parvenu ces dernières décennies à propos de thèmes ecclésiologiques importants ; (2) en les invitant à évaluer les résultats de ce dialogue : confirmer les avancées positives, souligner les déficiences et/ou indiquer les domaines qui n'ont pas suffisamment reçu d'attention ; et (3) en leur donnant l'occasion de réfléchir sur leur propre conception de la volonté de Dieu afin de croître vers une plus grande unité (cf. Éphésiens 4,12-16). Il est à espérer que, en confirmant, en enrichissant et en questionnant toutes les Églises, ce processus d'information, de réaction et de croissance apportera une contribution substantielle à la pleine réalisation de l'unité et même qu'il rendra possible l'adoption de mesures décisives dans cette direction.

Ce texte s'articule en fonction des questions ecclésiologiques que nous abordons. *L'Église – Vers une vision commune* débute par un chapitre dans lequel est étudiée la manière dont la communauté chrétienne a son origine dans la mission de Dieu pour la transformation salvatrice du monde. L'Église est essentiellement missionnaire, et l'unité est essentiellement liée à cette mission. Le second chapitre expose les caractéristiques principales d'une conception de l'Église comme communion, en reprenant les conclusions de nombreuses réflexions communes, d'une part, sur la relation que l'Écriture et la tradition ultérieure établissent entre l'Église et Dieu et, d'autre part, sur certaines des conséquences de cette relation pour la vie et la structure de l'Église. Le troisième chapitre est centré sur la

---

[2] Pour plus de détails sur ce processus, voir la *Note historique* à la fin de ce document.

croissance de l'Église, considérée comme le peuple pèlerin en marche vers le Royaume de Dieu, et il traite plus particulièrement de plusieurs questions ecclésiologiques difficiles qui ont divisé les Églises par le passé. Il prend acte des progrès réalisés vers une plus grande convergence sur certaines de ces questions et précise des points sur lesquels il peut être nécessaire que les Églises cherchent à établir une plus grande convergence. Le quatrième chapitre développe plusieurs modes de relation importants entre l'Église et le monde, en tant qu'elle est signe et agent de l'amour de Dieu, notamment proclamer Christ dans un contexte interreligieux, témoigner des valeurs morales de l'Évangile et réagir aux souffrances et besoins des êtres humains.

Les multiples réactions officielles au document de Foi et constitution de 1982 : *Baptême, Eucharistie, Ministère* ont montré que le processus de réception qui suit la publication d'un texte de convergence peut s'avérer tout aussi important que celui qui a mené à la rédaction de ce texte.[3] Pour qu'il serve d'instrument au service d'un dialogue authentique sur l'ecclésiologie auquel toutes les Églises puissent apporter une contribution importante, il est instamment demandé aux Églises non seulement d'accorder une sérieuse considération à *L'Église – Vers une vision commune* mais encore de communiquer à la Commission de Foi et constitution une réaction officielle à la lumière des questions ci-après :

- Dans quelle mesure ce texte reflète-t-il la conception ecclésiologique de votre Église ?

- Dans quelle mesure ce texte présente-t-il une base pour la croissance dans l'unité entre les Églises ?

- Quelles adaptations ou quel renouveau dans la vie de votre Église ce texte appelle-t-il votre Église à vouloir réaliser ?

- Dans quelle mesure votre Église est-elle en état de resserrer ses relations, dans la vie et la mission, avec les Églises qui peuvent positivement reconnaître la manière dont l'Église est présentée dans cette déclaration ?

- Quels sont les aspects de la vie de l'Église qui pourraient requérir des discussions supplémentaires, et quel conseil votre Église pourrait-elle proposer pour les travaux en cours, au sein de Foi et constitution, dans le domaine de l'ecclésiologie ?

---

[3] Voir Thurian, Max (dir.) : *Churches Respond to BEM*, vols. I-VI, COE, Genève 1986-1988 ; et *Baptême, Eucharistie, Ministère, 1982 – 1990, Rapport sur le processus « BEM » et les réactions des Églises*, Cerf, Paris 1993.

Outre ces questions d'ordre général, le lecteur trouvera en italiques, à différents endroits du texte, certains paragraphes mentionnant des questions spécifiques à propos desquelles il subsiste des divisions. Ces questions sont présentées pour stimuler la réflexion et pour encourager les Églises à rechercher plus avant un accord sur la voie de l'unité.

# CHAPITRE I

## La mission de Dieu et l'unité de l'Église

### A. L'Église dans le dessein de Dieu

1.   La conception chrétienne de l'Église et de sa mission a ses racines dans la vision du grand dessein (ou « économie ») de Dieu pour toute la création : le « Royaume » qui a été à la fois promis par Jésus Christ et manifesté en lui. Selon la Bible, l'homme et la femme furent créés à l'image de Dieu (cf. Gn 1,26-27), et donc les hommes et les femmes ont en partage une capacité inhérente à la communion (en grec : *koinonia*) avec Dieu et les uns avec les autres. Le dessein de Dieu dans la création a été contrecarré par le péché et la désobéissance des humains (cf. Gn 3-4 ; Rm 1,18-3,20), qui ont altéré la relation entre Dieu, les êtres humains et l'ordre créé. Mais Dieu a persisté dans sa fidélité malgré le péché et l'erreur des hommes. L'histoire dynamique de la restauration, par Dieu, de la *koinonia* a trouvé son accomplissement irréversible dans l'incarnation et le mystère pascal de Jésus Christ. En tant qu'elle est Corps du Christ, l'Église agit par la puissance du Saint Esprit pour poursuivre sa mission vivificatrice dans un ministère prophétique et compatissant et, de cette façon, elle participe à l'œuvre divine de guérison d'un monde brisé. La communion, dont la source est la vie même de la Sainte Trinité, est à la fois le don par lequel l'Église vit et le don que Dieu appelle l'Église à offrir à une humanité brisée et divisée qui espère en la guérison et la réconciliation.

2.   Au cours de son ministère sur la terre, « Jésus [a parcouru] toutes les villes et les villages, il y enseignait dans leurs synagogues, proclamant la Bonne Nouvelle du Royaume et guérissant toute maladie et toute infirmité. Voyant les foules, il fut pris de pitié pour elles » (Mt 9,35-36). L'Église tient son mandat de l'acte et de la promesse de Jésus Christ lui-même, qui non seulement a proclamé le Royaume de Dieu en paroles et en actes mais encore a envoyé ses disciples, qui reçurent la puissance de l'Esprit Saint (cf. Jn 20,19-23). Les Actes des Apôtres nous

rapporter que les dernières paroles que Jésus a adressées à ses apôtres avant son ascension dans le ciel furent : « Vous n'avez pas à connaître les temps et les moments que le Père a fixés de sa propre autorité ; mais vous allez recevoir une puissance, celle du Saint Esprit qui viendra sur vous ; vous serez alors mes témoins à Jérusalem, dans toute la Judée et la Samarie, et jusqu'aux extrémités de la terre » (Ac 1,7-8). Chacun des quatre évangiles se conclut par un envoi en mission ; Matthieu raconte : « Jésus s'approcha d'eux et leur adressa ces paroles : "Tout pouvoir m'a été donné au ciel et sur la terre. Allez donc : de toutes les nations faites des disciples, les baptisant au nom du Père et du Fils et du Saint Esprit, leur apprenant à garder tout ce que je vous ai prescrit. Et moi, je suis avec vous tous les jours jusqu'à la fin des temps" » (Mt 28,18-20 ; voir aussi Mc 16,15 ; Lc 24,45-49 ; Jn 20,19-21). Ce commandement de Jésus laisse déjà percevoir ce qu'il voulait que son Église fût afin d'accomplir cette mission : ce devait être une communauté de témoignage, proclamant le Royaume que Jésus avait été le premier à proclamer et invitant les êtres humains de toutes les nations à la foi salvatrice. Ce devait être une communauté de culte, les nouveaux membres étant initiés par le baptême au nom de la Sainte Trinité. Ce devait être une communauté de disciples dans laquelle les apôtres, en proclamant la Parole, en baptisant et en célébrant la Cène du Seigneur, devaient enseigner aux nouveaux croyants à observer tout ce que Jésus lui-même avait ordonné.

3.    L'Esprit Saint descendit sur les disciples au matin de la Pentecôte : il s'agissait de leur donner les moyens d'entamer la mission qui leur avait été confiée (cf. Ac 2,1-41). Le plan de Dieu pour sauver le monde (ce que l'on appelle parfois la *missio Dei* : « mission de Dieu ») se réalise par l'envoi du Fils et de l'Esprit Saint. Cette activité salvifique de la Sainte Trinité est essentielle pour bien comprendre ce qu'est l'Église. Comme l'a fait remarquer le document d'étude de Foi et constitution intitulé *Confesser la foi commune* : « Les chrétiens croient et confessent dans le Symbole qu'il existe un lien indissoluble entre l'œuvre de Dieu en Jésus Christ par l'Esprit Saint et la *réalité* de l'Église. C'est ce dont témoignent les Écritures. L'Église a ses racines dans le plan du Dieu trinitaire pour le salut de l'humanité »[1].

4.    Jésus a dit de son ministère qu'il consistait à « annoncer la Bonne Nouvelle aux pauvres, [...] proclamer aux captifs la libération et aux aveugles le retour à la vue, renvoyer les opprimés en liberté, proclamer une année d'accueil par le Seigneur » (Lc 4,18-19, citant Es 61,1-2). « La mission de l'Église découle de sa nature de Corps du Christ et elle participe à son ministère de médiateur entre Dieu et sa création [...] La proclamation du royaume de Dieu inauguré en Jésus, le Seigneur crucifié et ressuscité, est au cœur même de la vocation de l'Église dans le

---

[1] *Confesser la foi commune – Explication œcuménique de la foi apostolique telle qu'elle est confessée dans le Symbole de Nicée-Constantinople (381)*, COE, Genève 1991, paragraphe 216 ; Cerf, Paris 1993.

monde. Par leur vie, centrée sur le culte et l'eucharistie, l'action de grâce et l'intercession, par leurs projets de mission et d'évangélisation, par une existence en solidarité avec les pauvres, par la défense des droits de l'homme, qui peut aller jusqu'à l'affrontement avec les pouvoirs d'oppression, les Églises s'efforcent d'accomplir cette vocation évangélique. »[2]

## B. La mission de l'Église dans l'histoire

5.    Depuis ces origines, l'Église s'est toujours consacrée à proclamer en paroles et en actes la Bonne Nouvelle du salut en Jésus Christ, à célébrer les sacrements, en particulier l'eucharistie, et à former des communautés chrétiennes. Cet effort s'est souvent heurté à d'amères résistances ; il a parfois été contrarié par des opposants ou même trahi par le péché des messagers. En dépit de ces difficultés, cette proclamation a porté de riches fruits (cf. Mc 4,8, 20, 26-32).

6.    L'un des problèmes auxquels l'Église a été confrontée, c'était de savoir comment proclamer l'Évangile du Christ de manière à susciter une réponse dans les différents contextes, langues et cultures des gens qui entendaient cette proclamation. La prédication de Christ par saint Paul à Athènes (cf. Ac 17,22-34), qui se référait aux croyances et à la littérature locales, illustre comment la toute première génération de chrétiens a tenté de communiquer la Bonne Nouvelle de la mort et de la résurrection de Christ en s'appuyant, sous la direction de l'Esprit Saint, sur l'héritage culturel des auditeurs – et, le cas échéant, en le transformant – et en servant de levain pour contribuer au bienêtre de la société dans laquelle ils vivaient. Au cours des siècles, les chrétiens ont témoigné de l'Évangile dans des horizons toujours plus lointains, depuis Jérusalem jusqu'aux extrémités de la terre (cf. Ac 1,8). Souvent, le témoignage qu'ils donnaient de Jésus s'est terminé par le martyre, mais il a aussi permis la propagation de la foi et l'établissement de l'Église partout sur la terre. Parfois, l'héritage culturel et religieux des personnes à qui l'Évangile était proclamé n'a pas reçu le respect qu'il méritait lorsque, par exemple, les personnes qui pratiquaient l'évangélisation se faisaient complices de la colonisation impérialiste, laquelle pillait sinon même exterminait des populations incapables de se défendre contre des envahisseurs plus puissants. Nonobstant de tels évènements tragiques, la grâce de Dieu, plus puissante que le péché des hommes, a pu susciter de véritables disciples et amis de Christ dans de nombreux pays et établir l'Église dans la riche diversité de cultures multiples. Certains auteurs des premiers temps considéraient cette diversité dans l'unité de la communauté

---

[2] *La mission et l'évangélisation : Affirmation œcuménique*, paragraphe 6, repris in Matthey, Jacques (dir.) : *Vous êtes la lumière du monde : Déclarations du Conseil œcuménique des Églises sur la mission, 1980-2005*, COE, Genève 2005, p. 13.

chrétienne comme une expression de la beauté que l'Écriture attribue à l'épouse du Christ (cf. Ep 5,27 ; Ap 21,2)[3]. Aujourd'hui, des croyants originaires d'Églises qui, autrefois, accueillirent des missionnaires étrangers sont désormais capables de venir en aide à des Églises grâce auxquelles elles avaient appris à connaître l'Évangile.[4]

7.    Aujourd'hui, la proclamation du Royaume de Dieu se poursuit dans le monde entier dans un environnement en mutation rapide. Certaines évolutions remettent particulièrement en cause la mission de l'Église et la conception qu'elle a d'elle-même. La conscience largement répandue du pluralisme religieux impose aux chrétiens d'approfondir leur réflexion sur la relation entre, d'une part, la proclamation que Jésus est le seul et unique Sauveur du monde et, d'autre part, les affirmations d'autres religions. Le développement de moyens de communication contraint l'Église à rechercher de nouvelles manières de proclamer l'Évangile et d'établir et maintenir des communautés chrétiennes. Les « Églises émergentes », qui proposent une nouvelle forme d'être l'Église, imposent à d'autres Églises de trouver des moyens de répondre aux besoins et intérêts d'aujourd'hui sous des formes qui soient fidèles à ce qui a été reçu depuis l'origine. La progression de la culture laïque globale confronte l'Église à une situation dans laquelle beaucoup mettent en doute la possibilité même de la foi, croyant que la vie humaine est suffisante en soi, sans aucune référence à Dieu. En certains lieux, l'Église est confrontée à une diminution radicale du nombre de ses membres, et beaucoup considèrent qu'elle n'est plus adaptée à leur vie, ce qui amène ceux qui croient encore à parler de la nécessité d'une réévangélisation. Toutes les Églises sont appelées à évangéliser en tenant compte de ces enjeux et à d'autres qui peuvent se présenter dans des contextes particuliers.

## C. L'importance de l'unité

8.    L'importance de l'unité des chrétiens pour la mission et la nature de l'Église apparaît déjà dans le Nouveau Testament. En Actes 15 et Galates 1-2, on constate que la mission aux Gentils a provoqué des tensions et menacé de créer des divisions entre les chrétiens. Dans un sens, le mouvement œcuménique contemporain est en train de revivre l'expérience de ce premier concile de Jérusalem. Le présent texte invite les dirigeants, les théologiens et les fidèles de

---

[3] Voir par exemple Augustin : *Ennarationes in Psalmos* 44, 24-25, in Migne, J. P. : *Patrologia Latina* 36, 509-510.

[4] Il faut bien faire la distinction entre une telle solidarité d'assistance mutuelle et le prosélytisme, lequel considère, à tort, que les autres communautés chrétiennes constituent un champ de conversion légitime.

toutes les Églises à rechercher l'unité pour laquelle Jésus a prié à la veille d'offrir sa vie pour le salut du monde (cf. Jn 17,21).

9.  Pour réaliser l'unité visible, il faut que les Églises puissent reconnaître, les unes chez les autres, la présence de ce que le Credo de Nicée-Constantinople (381) appelle « l'Église une, sainte, catholique et apostolique ». Il se peut que, dans certains cas, cette reconnaissance dépende elle-même de modifications à apporter à la doctrine, à la pratique et au ministère d'une communauté particulière. Cela constitue un sérieux obstacle pour les Églises dans leur cheminement vers l'unité.

10.  À l'heure actuelle, certains identifient exclusivement l'Église du Christ à leur propre communauté alors que d'autres sont disposés à reconnaître dans des communautés autres que la leur une présence réelle mais incomplète des éléments qui constituent l'Église. D'autres encore ont conclu des relations d'alliance de divers genres, avec parfois des liturgies communes.[5] Certains considèrent que l'Église du Christ est établie dans toutes les communautés qui s'affirment chrétiennes de façon convaincante ; d'autres, par contre, maintiennent que l'Église du Christ est invisible et que nulle communauté ne peut s'y identifier adéquatement au cours de ce pèlerinage sur la terre.

### *Questions fondamentales sur le chemin de l'unité*

*Depuis la Déclaration de Toronto de 1950, le COE appelle les Églises à reconnaître que « l'appartenance à l'Église du Christ s'étend au-delà du corps de leurs fidèles ». En outre, la rencontre œcuménique a profondément encouragé et fait progresser le respect mutuel entre les Églises et leurs membres. Il n'en demeure pas moins des divergences sur un certain nombre de questions fondamentales, qu'il s'agit d'affronter ensemble : Comment pouvons-nous identifier l'Église que le Credo qualifie de « une, sainte, catholique et apostolique » ? Quelle est la volonté de Dieu pour l'unité de cette Église ? Que devons-nous faire pour mettre en pratique la volonté de Dieu ? Le présent texte a été rédigé pour aider les Églises à réfléchir sur ces questions et à rechercher des réponses communes.[6]*

---

[5] Voir par exemple le texte anglican-luthérien *Croître dans la communion* (2002), repris in Best, Thomas F., Fuchs Lorelei F. et Gros, Jeffrey (dir.) : *Growth in Agreement III : International Dialogue Texts and Agreed Statements*, 1998-2005, Genève-Grand Rapids, WCC-Eerdmans 2007, pp. 375-425, qui fait le point sur d'importantes alliance régionales (Meissen, Reuilly, Waterloo, etc.).

[6] Dans ce sens, le présent texte s'appuie sur la déclaration sur l'unité adoptée par l'Assemblée du Conseil œcuménique des Églises à Porto Alegre intitulée : *Appelés à être l'Église une* et qui a pour sous-titre : « Renouveler notre engagement à rechercher l'unité et à approfondir le dialogue – Une invitation adressée aux Églises », in *Growth in Agreement* III pp. 606-610.

# CHAPITRE II
## L'Église du Dieu Trine


## A. Discerner la volonté de Dieu pour l'Église

11.   Tous les chrétiens partagent la conviction que l'Écriture est normative ; c'est pourquoi ce témoignage biblique constitue une source irremplaçable pour parvenir à un accord plus large à propos de l'Église. S'il est vrai que le Nouveau Testament ne propose aucune ecclésiologie systématique, il n'en offre pas moins des témoignages de la foi des communautés primitives, de leur culte et de leur manière d'être disciples, des divers rôles de service et de direction, ainsi que des images et métaphores servant à exprimer l'identité de l'Église. Les interprétations que l'Église a faites par la suite, cherchant toujours à être fidèle à l'enseignement de la Bible, ont donné, tout au long de l'histoire, une riche moisson de considérations ecclésiologiques. Le même Esprit Saint qui a guidé les toutes premières communautés lorsqu'elles ont rédigé le texte biblique inspiré continue, de génération en génération, à guider les disciples de Jésus des temps ultérieurs qui s'efforcent d'être fidèles à l'Évangile. C'est ce que l'on entend lorsque l'on parle de la « Tradition vivante » de l'Église[1]. La plupart des communautés reconnaissent la grande importance de la Tradition, mais elles ont des conceptions différentes du mode de relation entre son autorité et celle de l'Écriture.

---

[1] Comme l'a précisé la Quatrième Conférence de Foi et constitution dans son rapport : *Scripture, Tradition and Traditions* (1963), Section II, paragraphe 39 : « Par *la Tradition,* nous entendons l'Évangile lui-même, transmis de génération en génération dans et par l'Église, Christ Lui-même présent dans la vie de l'Église. Par *tradition,* nous entendons le processus de transmission proprement dit. On emploie le terme *traditions* [...] pour désigner à la fois la diversité de formes d'expression et aussi ce que nous appelons les traditions confessionnelles » – in P. C. Roger et L. Vischer (dir.) : *The Fourth World Conference on Faith and Order : Montreal 1963*, SCM Press, Londres 1964, p. 50. Voir aussi *Un trésor dans des vases d'argile – Outils pour une réflexion œcuménique sur l'herméneutique*, COE, Genève 1998, paragraphes 14-37.

12. On trouve une grande diversité d'éléments ecclésiologiques dans les différents livres du Nouveau Testament et dans la tradition qui en a découlé. Du fait qu'il englobe cette pluralité, le canon du Nouveau Testament témoigne de sa compatibilité avec l'unité de l'Église sans pour autant nier les limites de la légitime diversité.[2] La diversité légitime n'est pas une dimension accidentelle de la vie de la communauté chrétienne : c'est plutôt un aspect de sa catholicité, une qualité qui reflète le fait que, si le salut en Christ est incarnationnel et que, donc, il « prend chair » dans les diverses populations auxquelles l'Évangile est prêché, cela fait partie du dessein de Dieu. Une approche adéquate du mystère de l'Église exige que l'on emploie et que l'on fasse interagir un large spectre d'images et de concepts (peuple de Dieu, Corps du Christ, temple de l'Esprit Saint, vigne, troupeau, fiancée/épouse, maison, soldats, amis, et ainsi de suite). Le présent texte s'efforce de puiser à la fois dans le trésor du témoignage biblique et dans celui de la tradition.

## B. L'Église du Dieu Trine comme *koinonia*

### *L'initiative de Dieu – Père, Fils et Esprit Saint*

13. L'Église est engendrée par Dieu, qui « a tant aimé le monde qu'il a donné son Fils, son unique, pour que tout homme qui croit en lui ne périsse pas mais ait la vie éternelle » (Jn 3,16) et qui a envoyé l'Esprit Saint pour faire accéder ces croyants à la vérité tout entière, leur rappelant tout ce que Jésus avait enseigné (cf. Jn 14,26). Dans l'Église, par l'Esprit Saint, les croyants sont unis à Jésus Christ et, de ce fait, ils participent ensemble à une relation vivante avec le Père, qui leur parle et qui les appelle à répondre en toute confiance. Le concept biblique de *koinonia* en est venu à occuper une place centrale dans la quête œcuménique d'une conception commune de la vie et de l'unité de l'Église. Cette quête présuppose que la communion n'est pas simplement l'union d'Églises existantes dans leur forme actuelle. Le substantif *koinonia* (communion, participation, communauté fraternelle, partage), qui dérive d'un verbe signifiant « avoir quelque chose en commun », « partager », « participer », « avoir part à » ou « agir ensemble », est employé dans les passages qui racontent le partage lors de la Cène du Seigneur (cf. 1 Co 10,16-17), la réconciliation de Paul avec Pierre, Jacques et Jean (cf. Ga 2,9), la collecte pour les pauvres (cf. Rm 15,26 ; 2 Co 8,3-4) et l'expérience et le témoignage de l'Église (cf. Ac 2,42-45). Étant une communion d'institution divine, l'Église appartient à Dieu et n'existe pas pour elle-même. De par sa nature même, elle est missionnaire, appelée et envoyée pour témoigner, dans sa propre vie, de

---

[2] Cette question sera étudiée plus en détail dans les paragraphes 28 à 30 ci-après.

cette communion que Dieu veut pour toute l'humanité et pour toute la création dans le Royaume.

14. L'Église a pour centre et fondement l'Évangile, la proclamation du Verbe incarné, Jésus Christ, Fils du Père. Cela se reflète dans l'affirmation que l'on trouve dans le Nouveau Testament : « Vous qui avez été engendrés à nouveau par une semence non pas corruptible mais incorruptible, par la parole de Dieu vivante et permanente » (1 P 1,23). Par la prédication de l'Évangile (cf. Rm 10,1418) et « sous l'inspiration de l'Esprit Saint » (1 Co 12,3), les êtres humains parviennent à la foi salvatrice et, par des moyens sacramentels, sont incorporés dans le Corps du Christ (cf. Ep 1,23). Suivant cet enseignement, certaines communautés qualifient l'Église de *creatura evangelii* – « créature de l'Évangile »[3]. Un aspect déterminant de la vie de l'Église est qu'elle doit être une communauté qui entend et proclame la Parole de Dieu. L'Église tire sa vie de l'Évangile et y découvre toujours à nouveau la direction de son cheminement.

15. La réponse de Marie, la Mère de Dieu (*Théotokos*) au message de l'ange lors de l'Annonciation : « Que tout se passe pour moi comme tu me l'as dit ! » (Lc 1,38) a été vue comme un symbole de l'Église et du chrétien en même temps qu'un modèle pour eux. Le document d'étude de Foi et constitution *Church and World* (1990) note que Marie est « un important exemple pour tous ceux qui cherchent à comprendre les pleines dimensions de la vie dans la communauté chrétienne » en ce qu'elle reçoit la Parole de Dieu et y répond (cf. Lc 1,26-38), qu'elle communique la joie de la Bonne Nouvelle à Élizabeth (Lc 1,46-55), qu'elle médite, souffre et s'efforce de comprendre les évènements de la naissance et de l'enfance de Jésus (cf. Mt 2,13-23 ; Lc 2,19 & 41-51), qu'elle cherche à comprendre tout ce qu'implique d'être disciple de Jésus (cf. Mc 3,31-35 ; Lc 18,19-20), qu'elle se tient auprès de lui au pied de la croix et accompagne son corps au tombeau (cf. Mt 27,55-61 ; Jn 19,25-27) et qu'elle attend avec les disciples et reçoit avec eux l'Esprit Saint à la Pentecôte (cf. Ac 1,12-14 ; 2,1-4).[4]

---

[3] Voir la section intitulée « The Church as "Creature of the Gospel" » dans le dialogue luthérien-catholique in Gros J., Meyer H. et Rusch W. G. (dir.) : « Church and justification » in *Growth in Agreement II : Reports and Agreed Statements of Ecumenical Conversations on a World Level, 1982-1998*, WCC-Eerdmans, Genève-Grand Rapids 2000, pp. 495-498, qui renvoie à l'emploi que Martin Luther fait de cette expression in *WA* 2, p. 430, 6-7 : *« Ecclesia enim creatura est evangelii »*. Certains dialogues bilatéraux ont utilisé l'expression latine *creatura verbi* pour exprimer cette même idée – voir la section intitulée « Two Conceptions of the Church » (paragraphes 94-113) qui qualifie l'Église de « *creatura verbi* » et de « sacrement de grâce » dans le document du dialogue réformés-catholiques *Toward a Common Understanding of the Church*, repris in *Growth in Agreement II*, pp. 801-805. Voir aussi la déclaration : *Appelés à être l'Église une*, chapitre 1, note 6 ci-dessus.

[4] Voir le rapport de Foi et constitution : *Church and World, The Unity of the Church and the Renewal of Human Community*, COE, Genève 1990, p. 64. Voir aussi le rapport de la Commission internationale

16. Christ a prié le Père d'envoyer l'Esprit sur ses disciples afin de les faire accéder à la vérité tout entière (cf. Jn 15,26 ; 16,13), et c'est l'Esprit qui non seulement accorde la foi et d'autres charismes aux croyants individuels mais aussi donne à l'Église ses dons, ses qualités et son ordre essentiels. L'Esprit Saint nourrit et vivifie le Corps du Christ par le truchement de la voix vivante de l'Évangile prêché, de la communion sacramentelle – et en particulier de l'eucharistie – et des ministères de service.

## Le peuple de Dieu – prophétique, sacerdotal et royal

17. En appelant Abraham, Dieu se choisissait un peuple saint. Souvent, les prophètes ont rappelé cette élection et cette vocation en employant cette puissante formule : « Je serai leur Dieu et ils seront mon peuple » (Jr 31,33 ; Ez 37, 27 ; on retrouve un écho de cette formulation dans 2 Co 6,16 ; Hé 8,10). Cette alliance avec Israël a été un moment décisif dans la réalisation en cours de l'économie du salut. Les chrétiens croient que, dans le ministère, dans la mort et la résurrection de Jésus et dans l'envoi de l'Esprit Saint, Dieu a instauré la nouvelle alliance dans le dessein d'unir tous les êtres humains avec lui et les uns avec les autres. Dans l'alliance inaugurée par le Christ, il y a un élément véritablement nouveau ; pourtant, dans le dessein de Dieu, l'Église demeure profondément liée au peuple de la première alliance, à laquelle Dieu restera toujours fidèle (cf. Rm 11,11-36).

18. Dans l'Ancien Testament, le peuple d'Israël chemine vers l'accomplissement de la promesse : que, en Abraham, toutes les nations de la terre seront bénies. Tous ceux qui se tournent vers le Christ trouvent cette promesse accomplie en lui lorsque, sur la croix, il a abattu le mur qui séparait les Juifs des Gentils (cf. Ep 2,14). L'Église est « la race élue, la communauté sacerdotale du roi, la nation sainte, le peuple que Dieu s'est acquis » (1 P 2,9-10). Tout en reconnaissant le sacerdoce unique de Jésus Christ, dont l'unique sacrifice institue la nouvelle alliance (cf. Hé 9,15), les croyants sont appelés à exprimer, par leur vie, le fait qu'ils ont été qualifiés de « sacerdoce royal », s'offrant euxmêmes « en sacrifice vivant, saint et agréable à Dieu » (Rm 12,1). Chaque chrétienne et chaque chrétien reçoivent des dons de l'Esprit Saint pour l'édification de l'Église et pour le rôle qu'il ou elle joue dans la mission de Christ. Ces dons sont donnés « en vue du bien de tous » (1 Co 12,7 ; cf. Ep 4,11-13) et imposent des obligations de responsabilité individuelle et collective à chaque individu et à chaque communauté locale ainsi qu'à l'Église dans

anglicane-catholique : *Mary : Grace and Hope in Christ* (2004), repris in *Growth in Agreement III*, pp. 82-112, et le rapport du Groupe des Dombes : *Marie dans le dessein de Dieu et la communion des saints* (1997-1998), Bayard Éditions – Centurion, Paris 2002.

son ensemble, à chaque niveau de sa vie. Renforcés par l'Esprit, les chrétiens sont appelés à vivre comme des disciples sous de multiples formes de service.

19.    Tout le peuple de Dieu est appelé à être un peuple prophétique, qui porte témoignage de la parole de Dieu ; un peuple sacerdotal, qui offre le sacrifice d'une vie de disciple ; et un peuple royal, qui serve d'instrument pour l'instauration du règne de Dieu. Tous les membres du peuple de Dieu ont cette vocation en partage. En appelant et envoyant les Douze, Jésus a jeté les fondations du mode de direction de la communauté de ses disciples dans leur proclamation constante du Royaume. Fidèles à son exemple, depuis les tout premiers temps, certains croyants ont été choisis sous l'inspiration de l'Esprit et ont reçu une autorité et une responsabilité spécifiques. Les ministres ordonnés ont pour fonction de « rassembler et construire le Corps du Christ, par la proclamation et l'enseignement de la Parole de Dieu, par la célébration des sacrements, et par la direction de la vie de la communauté dans sa liturgie, sa mission et sa diaconie »[5]. Tous les membres du Corps, ordonnés et laïcs, sont des membres interconnectés du peuple sacerdotal de Dieu. Sans ignorer que leur propre ministère dépend de Lui, les ministres ordonnés rappellent à la communauté qu'elle est en dépendance de Jésus Christ, lequel est la source de son unité et de sa mission. Pour autant, ils ne peuvent réaliser leur vocation que dans et pour l'Église ; ils ont besoin qu'elle les reconnaisse, les soutienne et les encourage.

20.    Les Églises de différentes traditions sont dans une large mesure d'accord sur la place essentielle du ministère. Cela a été succinctement exprimé dans le document de Foi et constitution : *Baptême, Eucharistie, Ministère* (1982), qui dit : « L'Église n'a jamais existé sans des personnes qui tiennent une autorité et une responsabilité spécifiques », notant que « Jésus a choisi et envoyé les disciples pour être des témoins du Royaume »[6]. La mission que Jésus a confiée aux Onze en Mt 28 comporte « un ministère de la parole, des sacrements et de vigilance donné par le Christ à l'Église pour être assumé par certains de ses membres en vue du bien de tous. Cette triple fonction du ministère rend l'Église capable d'accomplir sa mission dans le monde »[7]. Les déclarations conjointes font bien apparaître que le

---

[5] *Baptême, Eucharistie, Ministère,* section sur le Ministère, paragraphe 13.

[6] *Ibid.,* paragraphe 9.

[7] Dialogue catholiques-réformés : *Sur le chemin d'une compréhension commune de l'Église* (1990), paragraphe 132, in *Growth in Agreement II* p. 810. Voir aussi le document du dialogue entre catholiques et luthériens : *Ministry in the Church,* paragraphe 17 in Meyer, H. and Vischer, L. (dir.) : *Growth in Agreement : Reports and Agreed Statements of Ecumenical Conversations on a World Level,* Ramsey-Genève, Paulist-WCC 1984, pp. 252-253 : « Le Nouveau Testament montre comment s'est dégagé, d'entre les ministères, un ministère spécial qui était considéré comme s'inscrivant dans la succession des apôtres envoyés par Christ. Il est apparu qu'un tel ministère était nécessaire pour que les communautés soient bien dirigées. On peut donc dire que, selon le Nouveau Testament, le

sacerdoce royal de tout le peuple de Dieu (cf. 1 P 2,9) et un ministère ordonné spécial sont tous deux des dimensions importantes de l'Église et qu'il ne faut pas les considérer comme des options mutuellement exclusives. En même temps, les Églises ne sont pas d'accord entre elles lorsqu'il s'agit de préciser qui a la compétence de prendre les décisions en dernier recours pour la communauté : pour certaines, cette tâche est de la compétence exclusive des ministres ordonnés ; pour d'autres, les laïcs ont un rôle à jouer dans la prise de ces décisions.

## *Corps du Christ et temple du Saint Esprit*

21. Christ est en tout la Tête de son Corps, l'Église : il le guide, le purifie et le guérit (cf. Ep 5,26). Par ailleurs, il lui est intimement uni, donnant vie au Corps tout entier dans l'Esprit (cf. Rm 12,5 ; 1 Co 12,12). Pour appartenir au Corps, il est fondamental d'avoir la foi en Christ (cf. Rm 10,9). Selon la conception de la plupart des traditions, c'est aussi par les rites ou sacrements d'initiation que les êtres humains deviennent membres du Christ et, dans la Cène du Seigneur, leur participation à Son corps (cf. 1 Co 10,16) est renouvelée à chaque fois. L'Esprit Saint confère de multiples dons aux membres et fait progresser leur unité pour l'édification du corps (cf. Rm 12,4-8 ; 1 Co 12,4-30). Il renouvelle leur cœur, les préparant et les appelant à « accomplir des œuvres bonnes »,[8] ce qui les rend capables de servir le Seigneur en faisant avancer le Royaume dans le monde. Dans ce sens, quoiqu'elle renvoie explicitement et prioritairement l'Église au Christ, l'image du « Corps du Christ » implique aussi, profondément, une relation à l'Esprit Saint, ainsi que cela est attesté dans tout le Nouveau Testament. Un exemple saisissant en est le récit de la descente de langues de feu sur les disciples assemblés au Cénacle au matin de la Pentecôte (cf. Ac 2,1-4). Par la puissance de l'Esprit Saint, les croyants en viennent à constituer « un temple saint dans le Seigneur » (Ep 2,21-22), « une Maison habitée par l'Esprit » (1 P 2,5). Emplis de l'Esprit Saint, ils sont appelés à vivre une vie digne de leur vocation dans le culte, le témoignage et le service, aspirant avec zèle à « garder l'unité de l'Esprit par le lien de la paix » (Ep 4,1-3). L'Esprit Saint vivifie l'Église et lui donne la force de jouer son rôle pour proclamer et provoquer cette transformation générale à laquelle aspire, dans les gémissements, toute la création (cf. Rm 8,22-23).

---

"ministère spécial" établi par Jésus lorsqu'il a appelé et envoyé des apôtres, "était essentiel alors – il est essentiel en tout temps et en toutes circonstances". » Le document du dialogue méthodistes-catholiques : *Toward a Statement on the Church* affirme que « l'Église a toujours eu besoin d'un ministère donné par Dieu » – cf. *Growth in Agreement II* p. 588, paragraphe 29.

[8] Cf. la *Déclaration commune sur la doctrine de la justification de la Fédération luthérienne mondiale et de l'Église catholique* (1999), paragraphe 15.

# L'Église une, sainte, catholique et apostolique

22. Depuis l'époque du second concile œcuménique, qui s'est tenu à Constantinople en 381, la plupart des chrétiens incluent, dans leur liturgie, le Credo qui professe que l'Église est une, sainte, catholique et apostolique. Ces attributs, qu'on ne saurait dissocier mais qui s'informent mutuellement et sont liés les uns aux autres, sont des dons de Dieu à l'Église, que les chrétiens, nonobstant toute fragilité humaine, sont en permanence appelés à actualiser.

- L'Église est une parce que Dieu est un (cf Jn 17,11 ; 1 Tm 2,5). En conséquence, la foi apostolique est une ; la vie nouvelle en Christ est une ; l'espérance de l'Église est une.[9] Jésus a prié pour que tous ses disciples soient un afin que le monde croie (cf. Jn 17,20-21), et il a envoyé l'Esprit pour les constituer en un corps unique (cf. 1 Co 12,12-13). Les divisions actuelles dans et entre les Églises sont contraires à cette unicité : « Elles doivent être dépassées par les dons de l'Esprit que sont la foi, l'espérance et l'amour pour que la séparation et l'exclusion n'aient pas le dernier mot »[10]. Pourtant, en dépit de toutes les divisions, toutes les Églises considèrent qu'elles ont pour fondement l'Évangile un (cf. Ga 1,5-9), et elles sont unies dans de nombreux traits de leur vie (cf. Ep 4,4-7).

- L'Église est sainte parce que Dieu est saint (cf. Es 6,3 ; Lv 11,44-45). Jésus « a aimé l'Église et s'est livré lui-même pour elle, il a voulu ainsi la rendre sainte en la purifiant avec l'eau qui lave, et cela par la Parole ; [...] il a voulu son Église sainte et irréprochable » (Ep 5,2527). La sainteté essentielle de l'Église est attestée à chaque génération par de saints hommes et saintes femmes ainsi que par les saintes paroles que l'Église proclame et les saintes actions qu'elle accomplit au nom de Dieu, le Très Saint. Pourtant, le péché, qui contredit cette sainteté et va au rebours de la nature et de la vocation véritables de l'Église, n'a jamais cessé de défigurer la vie des croyants. Pour cette raison, le ministère consistant à appeler en permanence les gens à se repentir, à se renouveler et à se réformer est constitutif de la sainteté de l'Église.

- L'Église est catholique en raison de l'abondante bonté de Dieu, « qui veut que tous les hommes soient sauvés et parviennent à la connaissance de la vérité » (1 Tm 2,4). Par la puissance vivificatrice de Dieu, la mission de l'Église transcende toutes les barrières et proclame l'Évangile à tous les

---

[9] Cf. *Appelés à être l'Église une,* paragraphe 5.
[10] *Ibid.*

peuples. Là où le mystère du Christ est présent dans sa totalité, là aussi l'Église est catholique (cf. Ignace d'Antioche : *Lettre aux Smyrniotes* 6), comme dans la célébration de l'eucharistie. La catholicité essentielle de l'Église est battue en brèche lorsque l'on permet à des différences culturelles et autres de se transformer en divisions. Les chrétiens sont appelés à éliminer tout ce qui fait obstacle à la réalisation de cette plénitude de vérité et de vie accordée à l'Église par la puissance du Saint Esprit.

- L'Église est apostolique parce que le Père a envoyé le Fils pour l'établir. À son tour, le Fils a choisi et envoyé les apôtres et les prophètes, munis des dons de l'Esprit Saint reçus à la Pentecôte, pour servir de fondements à l'Église et pour superviser sa mission (cf. Ep 2,20 ; Ap 21,14 ; et Clément de Rome : *Lettre aux Corinthiens* 42). La communauté chrétienne est appelée à être toujours fidèle à ces origines apostoliques ; toute infidélité dans le culte, le témoignage ou le service contredit l'apostolicité de l'Église. La succession apostolique dans le ministère, sous l'inspiration de l'Esprit Saint, a pour objet de servir l'apostolicité de l'Église.[11]

23.  À la lumière des paragraphes précédents (13-22), il est clair que l'Église n'est pas simplement la somme de croyants individuels réunis. Fondamentalement, l'Église est une communion en le Dieu Trine et, en même temps, c'est une communion dont les membres ont part ensemble à la vie et à la mission de Dieu (cf. 2 P 1,4), lui qui, en tant qu'il est Trinité, est la source et le point focal de toute communion. Ainsi, l'Église est une réalité à la fois divine et humaine.

24.  S'il est courant d'affirmer que l'Église est un lieu de rencontre entre le divin et l'humain, les Églises n'en ont pas moins des sensibilités différentes, sinon même des convictions divergentes, concernant le mode de relation entre l'activité de l'Esprit Saint dans l'Église et les structures institutionnelles ou l'ordre ministériel. Des Églises considèrent que certains aspects essentiels de la constitution de l'Église ont été voulus et institués par Christ lui-même pour tous les temps ; en conséquence, en fidélité à l'Évangile, les chrétiens n'auraient, fondamentalement, aucune autorité pour modifier cette structure d'institution divine. Pour d'autres, l'ordonnancement de l'Église conformément à ce à quoi Dieu l'appelle peut prendre plus d'une forme ; d'autres encore affirment qu'aucun ordre institutionnel particulier ne peut être attribué à la volonté de Dieu. Pour certaines, la fidélité à l'Évangile peut exiger, parfois, une rupture avec la continuité institutionnelle ; pour

---

[11] Les paragraphes 3 à 7 de la déclaration du Conseil œcuménique des Églises : *Appelés à être l'Église une* propose une explication identique de l'affirmation du Credo selon laquelle l'Église est « une, sainte, catholique et apostolique » - Cf. *Growth in Agreement III*, p. 607.

d'autres, cette fidélité peut certainement être maintenue en résolvant les difficultés sans ruptures qui mèneraient à une séparation.

### *Continuité et changement dans l'Église et volonté de Dieu*

*Des rencontres patientes, dans un esprit d'attention et de respect mutuels, ont permis à de nombreuses Églises de mieux comprendre, plus en profondeur, ces sensibilités et convictions différentes à propos de la continuité et du changement dans l'Église. Cette compréhension plus profonde fait apparaître que la même intention – obéir à la volonté de Dieu pour ce qui est de la constitution de l'Église – peut inspirer la volonté de continuité chez certaines Églises et celle du changement chez d'autres. Nous invitons les Églises à reconnaître et respecter la détermination qu'ont les unes et les autres de rechercher la volonté de Dieu pour la constitution de l'Église. Nous les invitons en outre à réfléchir ensemble sur les critères retenus par différentes Églises pour étudier les questions relatives à la continuité et au changement. Dans quelle mesure ces critères pourraient-ils éventuellement évoluer à la lumière de l'appel urgent à la réconciliation lancé par le Christ (cf. Mt 5,23-24) ? Le temps serait-il venu d'adopter une nouvelle approche ?*

## C. L'Église, signe et servante du dessein de Dieu pour le monde

25. Dieu a pour dessein de rassembler l'humanité et toute la création en une communion sous la seigneurie du Christ (cf. Ep 1,10). Du fait qu'elle est un reflet de la communion du Dieu Trine, l'Église doit servir cet objectif, et elle est appelée à manifester la miséricorde divine pour les êtres humains en les aidant à atteindre l'objectif pour lequel ils ont été créés et en quoi se trouve leur joie ultime : louer et glorifier Dieu avec toutes les armées célestes. Ses membres accomplissent cette mission de l'Église par les moyens du témoignage de leur vie et, autant que possible, de la proclamation publique de la Bonne Nouvelle de Jésus Christ. L'Église a pour mission de servir ce dessein. Comme Dieu veut que tous les êtres humains soient sauvés et parviennent à la connaissance de la vérité (cf. 1 Tm 2,4), les chrétiens reconnaissent que Dieu s'adresse aux personnes qui ne sont pas explicitement membres de l'Église sous des formes qui ne sont peut-être pas immédiatement évidentes pour des yeux humains. Tout en respectant les éléments de vérité et de bonté qu'on peut trouver dans d'autres religions et chez les personnes ne se réclamant d'aucune religion, la mission de l'Église consiste toujours à inviter – par le témoignage et la proclamation – tous les êtres humains à parvenir à la connaissance et à l'amour de Jésus Christ.

26.    Dans certains passages du Nouveau Testament, on trouve le mot « mystère » (*mustèrion*), employé pour parler soit du dessein divin de salut en Christ (cf. Ep 1,9 ; 3,4-6), soit de la relation intime entre Christ et l'Église (cf. Ep 5,32 ; Col 1,24-28). Cela permet de penser que l'Église a une qualité spirituelle, transcendante, que l'on ne peut saisir en ne considérant que son apparence visible. On ne saurait séparer la dimension terrestre de l'Église de sa dimension spirituelle. Il s'agit de considérer et d'évaluer – en bien comme en mal – les structures organisationnelles de la communauté chrétienne à la lumière des dons divins de salut en Christ, célébrés dans la liturgie. Incarnant dans sa propre vie le mystère du salut et la transfiguration de l'humanité, l'Église participe à la mission du Christ, qui est de réconcilier toutes choses avec Dieu et les unes avec les autres par le Christ (cf. 2 Co 5,18-21 ; 8,18-25).

27.    S'il est assez généralement admis que Dieu a établi l'Église comme moyen privilégié pour réaliser son dessein universel de salut, certaines communautés considèrent que l'on peut exprimer cela de façon appropriée en parlant de « l'Église comme sacrement » ; d'autres, par contre, n'emploient pas ce genre d'expression sinon même la rejettent catégoriquement. Celles qui parlent de « l'Église comme sacrement » le font parce qu'elles voient dans l'Église un signe et un moyen (on emploie parfois le terme *instrument*) concret de la communion d'êtres humains les uns avec les autres de par leur communion dans le Dieu Trine.[12] Celles qui s'abstiennent d'employer cette expression croient que, en l'utilisant, on risque de brouiller la distinction entre l'Église considérée dans son ensemble et les sacrements individuels, et que l'on pourrait ainsi en arriver à méconnaître le péché toujours présent chez les membres de la communauté. Tout le monde convient que Dieu est l'auteur du salut ; des différences apparaissent à propos des manières dont les diverses communautés comprennent la nature et le rôle de l'Église et de ses rites dans cette activité salvifique.

---

[12] Par exemple, lors du Concile Vatican II, les évêques catholiques ont déclaré que « l'Église [est], dans le Christ, en quelque sorte le sacrement, c'est-à-dire à la fois le signe et le moyen [latin : *instrumentum*] de l'union intime avec Dieu et de l'unité de tout le genre humain » (cf. la Constitution dogmatique *Lumen Gentium* n° 1, où le terme *instrumentum* veut exprimer, de manière positive, « l'efficacité » de l'Église). D'autres chrétiens, qui affirment fermement la nature sacramentelle de l'Église, jugent inapproprié l'emploi du terme « instrument » pour parler de la communauté chrétienne. L'idée que l'Église est un signe est assez largement acceptée, ainsi qu'en atteste le rapport du Conseil œcuménique des Églises *The Holy Spirit and the Catholicity of the Church* adopté par la IVe Assemblée du COE qui s'est tenue à Upsal en 1968 ; ce document disait : « L'Église fait preuve d'une certaine audace lorsqu'elle dit être le signe de l'unité future de l'humanité » – cf. Goodall, N. (dir.) : *Rapport d'Upsal*, COE, Genève 1969, p. 15. Pour la Constitution dogmatique *Lumen Gentium*, voir http://www.vatican.va.

*L'expression « l'Église comme sacrement »*

*Ceux qui emploient l'expression « l'Église comme sacrement » ne nient pas la « sacramentalité » unique des sacrements non plus que la fragilité des ministres humains. D'un autre côté, ceux qui rejettent cette expression ne nient pas que l'Église soit un signe concret de la présence et de l'action de Dieu. Pourrait-on donc considérer cela comme une question à propos de laquelle des différences légitimes de formulation sont compatibles et mutuellement acceptables ?*

## D. La communion dans l'unité et la diversité

28. La diversité légitime dans la vie de communion est un don du Seigneur. L'Esprit Saint accorde aux croyants une diversité de dons complémentaires « en vue du bien de tous » (1 Co 12,4-7). Les disciples sont appelés à être pleinement unis (cf. Ac 2,44-47 ; 4,32-37) tout en respectant leurs diversités, qui les enrichissent (cf. 1 Co 12,14-26). Des facteurs culturels et historiques contribuent à la riche diversité au sein de l'Église. Pour qu'il soit vécu authentiquement en chaque temps et en chaque lieu, l'Évangile doit être proclamé dans des langues, symboles et images qui soient en phase avec des époques et contextes particuliers. La diversité légitime est menacée chaque fois que des chrétiens considèrent que leurs propres expressions culturelles de l'Évangile sont les seules authentiques, qui doivent être imposées aux chrétiens d'autres cultures.

29. Cependant, il ne s'agit pas de renoncer à l'unité. Par une foi commune en Christ, exprimée dans la proclamation de la Parole, par la célébration des sacrements et par des vies de témoignage et de service, chaque Église locale est en communion avec les Églises locales de tous les lieux et de tous les temps. Un ministère pastoral pour le service de l'unité et le maintien de la diversité est l'un des moyens importants donnés à l'Église pour aider les personnes qui ont des perspectives et dons différents à rester en permanence responsables les uns vis-à-vis des autres.

30. Les problèmes relatifs à l'unité et à la diversité ont gravement préoccupé l'Église à partir du moment où elle a discerné, avec l'aide de l'Esprit Saint, que les Gentils devaient être accueillis dans la communion (cf. Ac 15,1-29 ; 10,1-11 & 18). La lettre que l'assemblée de Jérusalem a adressée aux chrétiens d'Antioche contient ce que l'on pourrait appeler un principe fondamental pour ce qui est de l'unité et de la diversité : « L'Esprit Saint et nous-mêmes, nous avons en effet décidé de ne vous imposer aucune autre charge que ces exigences inévitables » (Ac 15,28). Par la suite, les conciles œcuméniques ont donné d'autres exemples de telles « exigences inévitables » : ainsi, au premier concile œcuménique (Nicée 325), les

évêques ont clairement enseigné que la communion dans la foi exigeait l'affirmation de la divinité du Christ. Plus récemment, des Églises se sont associées pour énoncer des enseignements ecclésiaux fermes qui expriment les implications d'une telle doctrine fondamentale, comme dans la condamnation de l'apartheid par de nombreuses communautés chrétiennes.[13] Il y a des limites à la diversité légitime ; lorsque la diversité dépasse certaines limites acceptables, elle peut aboutir à la destruction du don de l'unité. Au sein de l'Église, des hérésies et des schismes ainsi que des conflits politiques et des expressions de haine ont menacé le don divin de communion. Les chrétiens sont appelés à œuvrer inlassablement pour surmonter les divisions et les hérésies mais aussi pour préserver et chérir leurs différences légitimes dans les domaines de la liturgie, des coutumes et du droit afin de favoriser les diversités légitimes dans ceux de la spiritualité et des méthodes et formulations théologiques de façon qu'elles contribuent à l'unité et à la catholicité de l'Église tout entière.[14]

### *Diversité légitime et diversité source de divisions*

*Dans le dialogue œcuménique en quête de l'unité pour laquelle Christ a prié, des représentants de différentes Églises chrétiennes ont, dans une large mesure, tenté de*

---

[13] « World Council of Churches' Consultation with Member-Churches in South Africa - Cottesloe, Johannesburg, 7-14 December, 1960 » in *The Ecumenical Review*, XIII(2), janvier 1961, pp. 244-250 ; « Statement on Confessional Integrity » in *In Christ a New Community : The Proceedings of the Sixth Assembly of the Lutheran World Federation : Dar-es-Salaam, Tanzania, June 1325, 1977*, Fédération luthérienne mondiale, Genève 1977, pp. 179-180, 210-212 ; « Resolution on Racism and South Africa » in Ottawa 82 : Proceedings of the 21st General Council of the World Alliance of Reformed Churches (Presbyterian and Congregational) Held at Ottawa, Canada, August 17-27, 1982, Geneva », Bureaux de l'Alliance, Genève 1983, pp. 176-180 ; The Belhar Confession, http ://www.urcsa.org.za/documents/The%20Belhar%20Confession.pdf.

[14] Voir la déclaration du Conseil œcuménique des Églises : *L'Unité de l'Église en tant que Koinonia : Don et vocation* : « La diversité enracinée dans des traditions théologiques et dans des contextes culturels, ethniques ou historiques divers, appartient à la nature même de la communion. Elle a toutefois ses limites : elle devient illégitime lorsqu'elle fait obstacle, par exemple, à la confession commune de Jésus Christ, Dieu et Sauveur, le même hier, aujourd'hui, éternellement (He 13,8). [...] Dans la communion, les diversités sont réunies en une harmonie qui est celle des dons de l'Esprit Saint ; elles contribuent à la richesse et à la plénitude de l'Église de Dieu », in Westphal M. (dir.) : *Signes de l'Esprit : Rapport officiel Septième Assemblée*, Genève, COE 1991, p. 193. La question de la diversité légitime est souvent traitée dans les dialogues bilatéraux internationaux. Par exemple, le dialogue anglicans-orthodoxes note la grande diversité de la vie des Églises locales : « Tant que leur témoignage de la foi une n'en est pas affecté, cette diversité est considérée non pas comme une déficience ni une cause de division mais comme une marque de la plénitude de l'Esprit un qui distribue à chacun selon sa volonté » – *The Church of the Triune God : The Cyprus Statement Agreed by the International Commission for Anglican-Orthodox Dialogue 2006*, Londres, Anglican Communion Office 2006, p. 91. Voir aussi le dialogue luthériens-catholiques : *Facing Unity* (1984), paragraphes 5-7, pp. 27-30, et en particulier pp. 31-34, in *Growth in Agreement II* pp. 445-446, 449-450 ; Commission internationale anglicans-catholiques : *The Gift of Authority*, paragraphes 26-31, in *Growth in Agreement III*, pp. 68-69 ; Dialogue méthodistes-catholiques : *Speaking the Truth in Love*, paragraphe 50, in *Growth in Agreement III*, p. 154.

*discerner, avec l'aide de l'Esprit Saint, ce qui est nécessaire pour l'unité, conformément à la volonté de Dieu, et ce qui relève à proprement parler d'une diversité légitime. Certes, toutes les Églises ont leurs propres procédures pour distinguer entre diversité légitime et diversité illégitime ; pourtant, deux choses font manifestement défaut : (a) des critères — ou moyens de discernement — communs et (b) des structures mutuellement reconnues pour, en tant que de besoin, appliquer ces critères. Toutes les Églises cherchent à faire la volonté de Dieu ; et pourtant, elles restent en désaccord sur certains aspects de la foi et de la constitution, mais aussi sur le point de savoir si ces désaccords sont des sources de division pour l'Église ou si, au contraire, elles relèvent de la diversité légitime. Nous invitons les Églises à réfléchir : Quelles mesures positives peut-on prendre pour rendre possible un discernement commun ?*

## E. La communion d'Églises locales

31.    L'ecclésiologie de communion constitue un cadre utile pour réfléchir sur la relation entre l'Église locale et l'Église universelle. La plupart des chrétiens seraient prêts à admettre que l'Église locale est « une communauté de croyants baptisés dans laquelle la parole de Dieu est prêchée, la foi apostolique est confessée, les sacrements sont célébrés, l'œuvre rédemptrice du Christ pour le monde est attestée et un ministère d'*épiskopè* est exercé par des évêques ou d'autres ministres au service de la communauté »[15]. La culture, la langue et une histoire commune — autant d'éléments qui entrent dans la composition du tissu même de l'Église locale. De plus, la communauté chrétienne en chaque lieu a en commun avec toutes les autres communautés locales tout ce qui est essentiel à la vie de communion. Chaque Église locale comporte en elle-même la plénitude de ce qu'est « être l'Église ». Elle est totalement Église, mais elle n'est pas l'Église tout entière. Dans ce sens, il faudrait considérer l'Église locale non pas indépendamment d'autres Église locales mais en relation dynamique avec elles. Dès l'origine, la communion a été maintenue entre les Églises locales par des collectes, des échanges de lettres, des visites, l'hospitalité eucharistique et des expressions tangibles de solidarité (cf. 1 Co 16,2 ; 2 Co 8,1-9 ; Ga 2,1-10). De temps en temps, au cours des premiers siècles, des Églises locales se sont réunies pour délibérer ensemble. C'étaient autant de moyens d'entretenir l'interdépendance et de maintenir la communion. Ainsi donc, cette communion d'Églises locales n'est pas une dimension facultative.

---

[15] Cf. le rapport du Groupe de travail mixte du Conseil œcuménique des Églises et de l'Église catholique : *The Church : Local and Universal,* paragraphe 15, in *Growth in Agreement II,* p. 866. Dans cette description, il ne faut pas confondre « local » avec « confessionnel ».

L'Église universelle est la communion de toutes les Églises locales unies dans la foi et le culte dans le monde entier.[16] Ce n'est pas seulement la somme, la fédération ou la juxtaposition d'Églises locales : ce sont toutes ensemble qui constituent la même Église présente et agissante en ce monde. La catholicité telle que décrite dans la catéchèse baptismale de Cyrille de Jérusalem renvoie non seulement à l'extension géographique mais aussi à la multiple variété d'Églises locales et à leur participation à la plénitude de foi et de vie qui les unit dans la *koinonia* une.[17]

32. Dans le cadre de cette conception commune de la communion des Églises locales au sein de l'Église universelle, des divergences apparaissent à propos non seulement de l'extension géographique de la communauté désignée par l'expression « Église locale » mais encore du rôle des évêques. Certaines Églises sont convaincues que l'évêque, en tant que successeur des apôtres, est essentiel pour la structure et la réalité de l'Église locale. Ainsi, dans un sens strict, l'Église locale est un diocèse, lequel se compose d'un certain nombre de paroisses. Pour d'autres, qui ont élaboré diverses conceptions de ce qu'elles sont, l'expression « Église locale » est moins courante et elle n'est pas définie en référence au ministère d'un évêque. Dans cette optique, certaines de ces Églises considèrent que l'Église locale est simplement l'assemblée de croyants réunis en un même lieu pour écouter la Parole et célébrer les sacrements. Tant ceux qui considèrent l'évêque comme essentiel que ceux pour qui ce n'est pas le cas emploient parfois l'expression « Église locale » pour qualifier une configuration régionale d'Églises assemblées dans une structure synodale avec une présidence. Enfin, il n'y a pas encore d'accord sur le mode des relations entre les niveaux local, régional et universel de l'ordre ecclésial, même si l'on constate que des dialogues bilatéraux et multilatéraux ont adopté des mesures de grande valeur pour rechercher une convergence sur ces relations.[18]

---

[16] Voir la déclaration sur l'unité adoptée par les Assemblées du Conseil œcuménique des Églises de la Nouvelle-Delhi d'Upsal et de Nairobi, in Visser 't Hooft, W. A. (dir.) : *Nouvelle-Delhi 1961 Conseil œcuménique des Églises : Rapport de la Troisième Assemblée*, Neuchâtel, Delachaux & Niestlé 1962, pp. 113-130 ; Goodall, N. (dir.) : *Rapport d'Upsal 1968 : Rapport officiel de la Quatrième Assemblée du Conseil œcuménique des Églises*, COE, Genève 1969, pp. 9-16 ; et Henriet, M. (dir.), *Briser les barrières Nairobi 1975 : Rapport officiel de la Cinquième Assemblée du Conseil œcuménique des Églises*, Paris, IDOC France – L'Harmattan 1976, pp. 167-179.

[17] Cyrille de Jérusalem : *Catéchèse 18*, in Migne, J. P. : *Patrologia Graeca* 33, 1044.

[18] Un bon exemple au niveau multilatéral est le rapport du Groupe de travail mixte du Conseil œcuménique des Églises et de l'Église catholique in http://www.oikoumene.org/en/resources/documents/wcc-commissions/. Voir aussi *Growth in Agreement II*, pp. 862-875. Pour ce qui est des dialogues bilatéraux, voir « Ecclesial Communion – Communion of Churches » (1993), du document luthéro-catholique *Church and Justification* in *Growth in Agreement II*, pp. 505-512 ; et en particulier la déclaration conjointe orthodoxe-catholique sur les *Conséquences ecclésiologiques et*

## La relation entre l'Église locale et l'Église universelle

*De nombreuses Églises peuvent adopter une conception commune de la relation et communion fondamentales d'Églises locales au sein de l'Église universelle. Elles partagent la conception selon laquelle la présence de Christ, par la volonté du Père et la puissance de l'Esprit, se manifeste vraiment dans l'Église locale (elle est « entièrement » Église), et que cette présence de Christ est précisément ce qui oblige l'Église locale à être en communion avec l'Église universelle (elle n'est pas l'Église « tout entière »). Néanmoins, même si l'on arrive à se mettre d'accord sur ce point fondamental, le terme « Église locale » peut être employé de diverses manières. Dans notre quête commune d'une unité plus étroite, nous invitons les Églises à rechercher une conception et un accord mutuels plus précis dans ce domaine : Quelle est la relation appropriée entre les différents niveaux de vie d'une Église pleinement unie, et quels sont les ministères spécifiques de direction nécessaires pour servir et développer ces relations ?*

<hr>

*canoniques de la nature sacramentelle de l'Église – Communion ecclésiale, conciliarité et autorité* (2007) http ://www.vatican.va/roman_curia/pontifical_councils/chrstuni/ch_orthodox_docs/rc_pc_ch rstuni_doc_20071013_ documento-ravenna_fr.html.

# CHAPITRE III

## L'Église – Croître en communion

### A. Déjà mais pas encore

33.   L'Église est une réalité eschatologique qui anticipe déjà le Royaume, mais ce n'en est pas encore la pleine réalisation. L'Esprit Saint est l'agent principal de l'établissement du Royaume, et c'est lui qui guide l'Église afin qu'elle puisse servir l'œuvre de Dieu dans ce processus. Ce n'est qu'en considérant le présent à la lumière de l'activité de l'Esprit Saint – lui qui guide tout le processus de l'histoire du salut pour le mener à sa récapitulation finale en Christ pour la gloire du Père – que nous commençons à saisir quelque chose du mystère de l'Église.

34.   D'une part, en tant qu'elle est la communion des fidèles qui entretiennent une relation personnelle avec Dieu, l'Église est déjà la communauté eschatologique que Dieu veut. Des signes visibles et tangibles qui expriment que cette vie nouvelle a été effectivement réalisée sont : recevoir et communiquer la foi des apôtres, baptiser, rompre et partager le pain eucharistique, prier les uns avec les autres et pour les autres et pour les besoins du monde, être au service les uns des autres dans l'amour, participer aux joies et peines les uns des autres, accorder une aide matérielle, proclamer la Bonne Nouvelle et en témoigner dans la mission et en collaborant pour la justice et la paix. Par ailleurs, du fait qu'elle est une réalité historique, l'Église se compose d'êtres humains qui sont soumis aux conditions du monde. L'une de ces conditions est le changement[1] – soit positif dans le sens d'une croissance ou d'un développement, soit négatif dans le sens d'un déclin ou d'une distorsion. Entre autres conditions, on citera encore des facteurs culturels et historiques qui peuvent avoir une influence positive ou négative sur la foi, la vie et le témoignage de l'Église.

---

[1] Cette condition du changement ne doit pas obscurcir le sens permanent de Jésus Christ et de son Évangile : « Jésus Christ est le même, hier et aujourd'hui ; il le sera pour l'éternité » (Hé 13,8).

35.   En tant qu'elle est communauté en chemin, l'Église est confrontée à la réalité du péché. Le dialogue œcuménique a fait apparaître que des convictions communes profondément enracinées se cachent derrière ce qu'on a parfois considéré comme des conceptions antagonistes de la relation entre la sainteté de l'Église et le péché des hommes. Mais les chrétiens expriment ces convictions communes sous des formes très différentes. Pour certains, leur tradition affirme que l'Église est sans péché du fait que, étant le corps du Christ sans péché, elle ne peut pas pécher. D'autres considèrent que l'on peut très bien dire que l'Église pèche du fait que le péché peut devenir systémique au point d'affecter l'institution de l'Église elle-même et, quoique le péché soit en contradiction avec la véritable identité de l'Église, il n'en est pas moins réel. Cette question peut se poser différemment en fonction des différentes manières dont diverses communautés conçoivent le péché proprement dit – soit, essentiellement, comme une imperfection morale, soit, essentiellement, comme la rupture d'une relation – et selon qu'elles considèrent si et comment le péché peut être systémique.

36.   L'Église est le Corps du Christ ; selon sa promesse, les portes de l'enfer ne prévaudront point contre elle (cf. Mt 16,18). La victoire du Christ sur le péché est complète et irréversible et, par la promesse et la grâce du Christ, les chrétiens ont la certitude que l'Église bénéficiera toujours des fruits de cette victoire. En outre, ils sont bien conscients du fait que, en cet âge présent, les croyants sont exposés à la puissance du péché, tant individuellement que collectivement. Toutes les Églises reconnaissent le fait du péché chez les fidèles ainsi que ses répercussions souvent néfastes. Toutes reconnaissent que les chrétiens ont besoin de pratiquer l'examen de conscience, la pénitence, la conversion (*métanoïa*), la réconciliation et le renouveau. Sainteté et péché ont un rapport différent et inégal avec la vie de l'Église : la sainteté exprime l'identité de l'Église selon la volonté de Dieu alors que le péché est en contradiction avec cette identité (cf. Rm 6,1-11).


## B. Croître dans les éléments essentiels de la communion : foi, sacrements et ministère

37. Cheminer vers la pleine réalisation du don divin de la communion exige que les communautés chrétiennes parviennent à un accord sur les aspects fondamentaux de la vie de l'Église : « Les éléments ecclésiaux requis pour une pleine communion dans une Église visiblement unie – ce qui est le but du mouvement œcuménique – sont la communion dans la plénitude de la foi apostolique, dans la vie sacramentelle, dans un ministère véritablement un et mutuellement reconnu, dans des structures de relations conciliaires et de prises de

décisions et dans un témoignage et un service commun dans le monde »[2]. Ces attributs constituent un cadre nécessaire pour maintenir l'unité dans une diversité légitime. En outre, la croissance des Églises vers l'unité de l'Église une est intimement liée à leur vocation de promouvoir l'unité de l'ensemble de l'humanité et de la création étant donné que Christ, qui est la Tête de l'Église, est celui en qui tous et tout doivent être réconciliés. Le dialogue – tel que celui qui a accompagné la rédaction et la réception de *Baptême, Eucharistie, Ministère* – a déjà enregistré des progrès importants de convergence sur ces éléments essentiels de la communion, quoique moins sur le ministère que sur les deux autres. L'intention du présent texte n'est pas de répéter ce qui a déjà été acquis mais plutôt, simplement, d'en présenter une brève synthèse et d'indiquer quelques-unes des étapes supplémentaires qui ont été franchies ces dernières années.


## *La foi*


38.    Pour ce qui est du premier de ces éléments, on s'accorde généralement à dire que l'Église est appelée à proclamer, à chaque génération, « la foi qui a été transmise aux saints définitivement » (Jude v. 3) et à rester ferme dans

---

[2] Dans *The Church : Local and Universal* (1990) paragraphe 25, repris in *Growth in Agreement II* p. 868. Les paragraphes 10-11 et 28-32 de ce texte démontrent, citations et notes à l'appui, que la présentation qu'il fait de la communion s'inspire d'un vaste éventail de dialogues œcuméniques – auxquels participaient des anglicans, des luthériens, des méthodistes, des orthodoxes, des réformés et des catholiques – ainsi que de plusieurs déclarations sur l'unité adoptées lors de certaines assemblées du COE (voir note 16, chapitre I). La déclaration du Conseil œcuménique des Églises : *L'unité de l'Église en tant que Koinonia : Don et vocation* met en valeur l'élément ministériel en ajoutant le terme « réconciliation » à celui de « reconnaissance » [M. Westphal (dir.) : *Signes de l'Esprit : Rapport officiel Septième Assemblée*, COE, Genève 1991, p. 193]. On trouve des configurations similaires des composantes fondamentales de la communion dans le document luthérocatholique *Facing Unity* (1984), repris in *Growth in Agreement II* pp. 456-477, qui présente l'Église comme une communauté de foi, de sacrements et de service ; et le texte conjoint des méthodistes et des catholiques intitulé *The Apostolic Tradition* (1991), repris in *Growth in Agreement II* pp. 610-613, qui décrit le corps vivant de l'Église en se référant à la foi, au culte et au ministère. Les documents classiques sur l'unité adoptés par les assemblées du COE de la Nouvelle-Delhi (1960), Nairobi (1975), Canberra (1990) et Porto Alegre (2005) présentent également les qualités essentielles de l'unité, qu'on illustrera en citant un passage de la dernière en date : « Nos Églises ont affirmé que l'unité pour laquelle nous prions et œuvrons et que nous espérons est "une *koinonia* qui est donnée et s'exprime dans la confession commune de la foi apostolique, dans une vie sacramentelle commune à laquelle nous accédons par un seul baptême et que nous célébrons ensemble en une seule communauté eucharistique, dans une vie vécue ensemble dans la reconnaissance mutuelle et la réconciliation des membres et des ministères ; elle s'exprime enfin dans la mission par laquelle nous devenons ensemble témoins de l'Évangile de la grâce de Dieu auprès de tous et au service de la création tout entière." Une telle *koinonia* doit s'exprimer en chaque lieu et au travers d'une relation conciliaire d'Églises en différents lieux. » – *Appelés à être l'Église une*, paragraphe 2, repris in *Growth in Agreement III*, pp. 606-607.

l'enseignement transmis à l'origine par les apôtres. La foi est évoquée par la Parole de Dieu, inspirée par la grâce de l'Esprit Saint, attestée dans l'Écriture et transmise par la tradition vivante de l'Église. Elle est confessée dans le culte, la vie, le service et la mission. S'il est vrai qu'elle doit être interprétée dans le contexte de temps et lieux toujours différents, ces interprétations doivent rester en continuité avec le témoignage originel et avec son explication fidèle au cours des âges. La foi doit être vécue dans une réponse active aux défis de chaque temps et de chaque lieu. Elle s'adresse à des situations personnelles et sociales, notamment des situations d'injustice, de violation de la dignité humaine et de dégradation de la création.

39.   Le dialogue œcuménique a montré que, sur de nombreux aspects essentiels de la doctrine chrétienne, il y a déjà beaucoup qui unit les croyants.[3] En 1991, le document d'étude *Confesser la foi commune* a non seulement réussi à dégager un accord substantiel entre les chrétiens concernant le sens du Symbole de Nicée professé dans la liturgie de la plupart des Églises, mais il a aussi expliqué comment la foi du Credo est fondée dans l'Écriture, est confessée dans le Symbole œcuménique et doit être de nouveau confessée en rapport avec les enjeux du monde contemporain. Il s'agissait non seulement d'aider les Églises à reconnaître la fidélité à cette foi chez elles-mêmes et chez les autres mais aussi de fournir un instrument œcuménique crédible pour proclamer la foi aujourd'hui. En 1998, le document *Un trésor dans des vases d'argile* a exploré l'interprétation actuelle de l'Écriture et de la Tradition pour transmettre la foi, et il notait : « Le Saint-Esprit inspire les Églises et les conduit chacune pour sa part à repenser et à réinterpréter ses traditions en dialoguant les unes avec les autres, en cherchant sans cesse à incarner la Tradition une dans l'unité de l'Église de Dieu ».[4] Si, de façon générale, les Églises sont d'accord sur l'importance de la Tradition dans la génération de l'Écriture et l'interprétation qui en a été donnée, on a essayé, dans des dialogues plus récents, de comprendre comment la communauté chrétienne entreprend une telle interprétation. De nombreux dialogues bilatéraux ont reconnu que

---

[3] Voir par exemple les deux premiers chapitres : « Fundamentals of our Common Faith : Jesus Christ and the Holy Trinity » et « Salvation, Justification, Sanctification » de Kasper, Walter : *Harvesting the Fruits : Basic Aspects of Christian Faith in Dialogue*, Continuum, Londres/New York 2009, pp. 10-47, qui font le point des convergences sur ces sujets entre anglicans, luthériens, méthodistes, réformés et catholiques.

[4] *Un trésor dans des vases d'argile*, COE, Genève 1998, paragraphe 32. Précédemment, *Baptême, Eucharistie, Ministère* avait noté au paragraphe 34 : « La tradition apostolique dans l'Église implique la continuité dans la permanence des caractéristiques de l'Église des apôtres : témoignage de la foi apostolique, proclamation et interprétation renouvelée de l'Évangile, célébration du baptême et de l'eucharistie, transmission des responsabilités ministérielles, communion dans la prière, l'amour, la joie et la souffrance, service auprès de ceux qui sont dans la maladie et le besoin, unité des Églises locales et partage des biens que le Seigneur a donnés à chacun » – *Baptême, Eucharistie, Ministère*, COE, Genève 1982.

l'interprétation ecclésiale du sens contemporain de la Parole de Dieu impliquait l'expérience de foi du peuple tout entier, les réflexions des théologiens et le discernement du ministère ordonné. [5] Aujourd'hui, il faut que les Églises parviennent à un accord sur le mode d'interaction de ces facteurs.

## *Les sacrements*

40.   Pour ce qui est des sacrements, les Églises ont approuvé dans une large mesure la manière dont *Baptême, Eucharistie, Ministère* (1982) a décrit le sens et la célébration du baptême et de l'eucharistie.[6] Par ailleurs, ce texte esquissait des pistes pour tenter de renforcer la convergence sur les questions pendantes les plus graves : qui peut être baptisé, la présence du Christ dans l'eucharistie et la relation entre l'eucharistie et le sacrifice du Christ sur la croix. En même temps, s'il fait quelques brefs commentaires sur la chrismation ou confirmation, *Baptême, Eucharistie, Ministère* ne traite pas des autres rites célébrés dans de nombreuses communautés et que certaines considèrent comme des sacrements ; il n'était pas non plus conçu pour prendre en considération le point de vue des communautés qui affirment que leur vocation n'inclut pas les rites du baptême et de l'eucharistie, tout en affirmant qu'elles ont part à la vie sacramentelle de l'Église.

41.   La convergence croissante entre les conceptions qu'ont les Églises du baptême peut être résumée comme suit.[7] Par le baptême avec de l'eau au nom du Dieu Trine, Père, Fils et Saint Esprit, les chrétiens sont unis avec Christ et les uns avec les autres dans l'Église de tous les lieux et de tous les temps. Le baptême est l'introduction à la vie nouvelle en Christ et sa célébration, et la participation à son

---

[5] Voir par exemple la déclaration du dialogue luthériens-orthodoxes : *Scripture and Tradition* ; reprise in *Growth in Agreement II*, pp. 224-225 ; *La parole de vie* (1996), du dialogue méthodistes-catholiques, paragraphes 62-72, où il est question des « agents de discernement » – repris in *Growth in Agreement I*, pp. 632-634 ; *Gift of Authority* (1998), du dialogue anglicans-catholiques – repris in *Growth in Agreement III*, pp. 60-81 ; *Receiving and Handing on the Faith : The Mission and Responsibility of the Church*, in *Growth in Agreement III*, du dialogue Disciples-catholiques – repris in *Growth in Agreement III*, pp. 121-137 ; *Speaking the Truth in Love*, repris in *Growth in Agreement III*, pp. 138-176 ; et le *Rapport* du dialogue réformés-orthodoxes orientaux (2001), paragraphes 22-28, où sont traités les thèmes « Tradition et Sainte Écriture » et « Le rôle du théologien dans la tradition chrétienne », repris in *Growth in Agreement III*, pp. 43-44.

[6] Cf. *Baptême, Eucharistie, Ministère 1982-1990 : Rapport sur le processus « BEM » et les réactions des Églises*, Cerf, Paris 1993, pp. 51 & 69-70.

[7] Ce paragraphe reprend les éléments présentés plus en détail dans le sous-titre « II. Le sens du baptême » in *Baptême, Eucharistie, Ministère*, section sur le Baptême, paragraphes 2-7. On trouvera d'autres affirmations très semblables provenant de quatre dialogues bilatéraux internationaux dans « Common Understanding of Baptism » in Kasper : *Harvesting the Fruits*, pp. 164-168, ainsi que dans le document d'étude de Foi et constitution intitulé : *One Baptism : Towards Mutual Recognition*, COE, Genève 2011.

baptême, à sa vie, à sa mort et à sa résurrection (cf. Mt 3,13-17 ; Rm 6,3-5). C'est « le bain de la nouvelle naissance et de la rénovation que produit l'Esprit Saint » (Tt 3,5), qui incorpore les croyants dans le Corps du Christ et leur permet de participer au Royaume de Dieu et à la vie du monde à venir (cf. Ep 2,6). Le baptême implique la confession des péchés, la conversion du cœur, le pardon, la purification et la sanctification ; il consacre le croyant comme membre de « la race élue, la communauté sacerdotale du roi, la nation sainte » (1 P 2,9). Ainsi donc, le baptême est un lien fondamental d'unité. Pour certaines Églises, le don de l'Esprit Saint est donné d'une manière spéciale par la chrismation ou confirmation, qu'elles considèrent comme l'un des sacrements d'initiation. L'accord général sur le baptême a amené certaines Églises participant au mouvement œcuménique à appeler à la reconnaissance mutuelle du baptême.[8]

42.    Il existe une relation dynamique et profonde entre le baptême et l'eucharistie. La communion dans laquelle entre le chrétien nouvellement initié trouve une expression plus pleine et est nourrie dans l'eucharistie, laquelle réaffirme la foi baptismale et donne la grâce pour les fidèles qui vivent concrètement de la vocation des chrétiens. Les progrès réalisés dans le cadre du dialogue œcuménique vers un accord sur l'eucharistie peuvent être résumé de la façon suivante.[9] La Cène du Seigneur est la célébration au cours de laquelle, rassemblés autour de sa table, les chrétiens reçoivent le Corps et le Sang du Christ. C'est une proclamation de l'Évangile ; une glorification du Père pour tout ce qu'il a accompli dans la création, la rédemption et la sanctification (doxologie) ; un mémorial de la mort et de la résurrection du Christ Jésus et de ce qui a été accompli une fois pour toutes sur la croix (anamnèse) ; et une invocation de l'Esprit Saint pour qu'il transforme à la fois les éléments du pain et du vin et les participants eux-mêmes (épiclèse). Intercession est faite pour les besoins de l'Église et du monde ; la communion des fidèles est à nouveau approfondie, comme anticipation et avant-goût du Royaume à venir, les poussant à aller participer à la mission de Dieu : inaugurer ce Royaume dès maintenant. Saint Paul souligne bien le lien entre la Cène du Seigneur et la vie même de l'Église (cf. 1 Co 10,16-17 ; 11,17-33).

43.    Tout comme la confession de la foi et le baptême sont inséparables d'une vie de service et de témoignage, de même l'eucharistie exige que tous ceux qui sont frères et sœurs dans la famille une de Dieu se réconcilient et partagent. « Les

---

[8] Un exemple de cette reconnaissance mutuelle du baptême est l'accord conclu par onze des seize communautés membres du Conseil chrétien des Églises d'Allemagne le 29 avril 2007, qui est présenté à l'adresse suivante : http ://www.ekd.de/english/mutual_recognition_of_baptism.html.
[9] Ce résumé s'inspire de « II. La signification de l'eucharistie » in *Baptême, Eucharistie, Ministère* – « Eucharistie », paragraphes 2-26. Pour différents degrés de convergence entre anglicans, luthériens, méthodistes, réformés et catholiques, voir le chapitre « The Eucharist » in Kasper : *Harvesting the Fruits*, pp. 168-190.

chrétiens sont appelés, dans l'eucharistie, à être en solidarité avec les marginaux et à devenir signes de l'amour du Christ, qui a vécu et s'est sacrifié pour tous, qui se donne maintenant lui-même dans l'eucharistie. [...] Don total de Dieu, l'eucharistie offre la réalité nouvelle qui transforme la vie des chrétiens, afin qu'ils soient à l'image du Christ et deviennent ses témoins efficaces. »[10] On peut considérer que le renouveau liturgique, dans certaines Églises, est en partie une réception des convergences enregistrées dans le dialogue œcuménique à propos des sacrements.

44.   Il existe des divergences entre différentes traditions chrétiennes sur le point de savoir si le baptême, l'eucharistie et d'autres rites devraient être qualifiés de « sacrements » ou d'« ordonnances ». Le mot *sacrement* (employé pour traduire le grec *mustèrion*) indique que l'œuvre salvifique de Dieu est communiquée dans l'action du rite, alors que le mot *ordonnance* souligne que l'action du rite est accomplie en obéissance à la parole et à l'exemple de Christ.[11] On a souvent considéré que ces deux points de vue s'excluaient mutuellement. Cependant, ainsi qu'il est fait remarquer dans le document d'étude de Foi et constitution *Un seul baptême*, « qu'elles parlent de sacrement ou d'ordonnance, affirment que ces actes sont à la fois *instrumentaux* (parce que Dieu s'en sert pour instaurer une réalité nouvelle) et *expressifs* (dans le sens où ils expriment une réalité déjà existante). Certaines traditions mettent l'accent sur l'aspect instrumental [...] D'autres soulignent la dimension expressive ».[12] Cette divergence pourrait-elle être plus une différence d'accent que l'expression d'un désaccord doctrinal ? Ces rites expriment à la fois les aspects « institutionnel » et « charismatique » de l'Église. Ce sont des actions visibles, efficientes, instituées par Christ et, en même temps, elles sont rendues efficientes par l'action de l'Esprit Saint qui, par leur moyen, accorde à ceux qui reçoivent les sacrements une diversité de dons pour l'édification de l'Église et pour sa mission dans et pour le monde.

### Sacrements et ordonnances

*À la lumière des convergences sur le baptême et l'eucharistie et de réflexions plus poussées sur les racines historiques et la compatibilité potentielle des termes « sacrement » et « ordonnance », les Églises sont invitées à se demander si elles sont en mesure d'arriver à un accord plus profond sur cet aspect de la vie de l'Église qui implique ces rites. Une telle convergence pourrait les amener à considérer plusieurs questions additionnelles. Dans leur liturgie, la plupart des*

---

[10] *Baptême, Eucharistie, Ministère*, « Eucharistie », paragraphes 24 et 26.

[11] Le terme latin *sacramentum* désignait le serment prononcé par un soldat lorsqu'il s'engageait dans l'armée, et il fut employé par le premier grand théologien à avoir écrit en latin : Tertullien (160-220) à propos du baptême.

[12] *One Baptism : Towards Mutual Recognition*, paragraphe 30.

*Églises célèbrent d'autres rites ou sacrements tels que la confirmation/chrismation, le mariage et l'ordination ; en outre, beaucoup ont des rites pour le pardon des péchés et la bénédiction des malades — Le nombre et le statut ecclésial de ces sacrements ou ordonnances ne pourraient-ils pas faire l'objet de discussions dans les dialogues œcuméniques ? Nous invitons également les Églises à se demander si elles ne pourraient pas maintenant parvenir à une convergence plus étroite sur les personnes qui peuvent recevoir le baptême ou qui peuvent présider aux célébrations liturgiques de l'Église. De plus, existe-t-il des moyens permettant de parvenir à un plus grand degré d'accord entre les Églises qui célèbrent ces rites et les communautés chrétiennes convaincues que le partage de la vie en Christ ne requiert pas la célébration de sacrements ou d'autres rites ?*

## Le ministère dans l'Église

### Le ministère ordonné

45.    Toutes les Églises affirment l'enseignement biblique selon lequel, à la différence des nombreux prêtres de l'Ancien Testament (cf. Hé 7,23), Jésus, notre grand-prêtre (cf. Hé. 8,10) a offert son sacrifice de rédemption « une fois pour toutes » (cf. Hé 7,27 ; 9,12 ; 10,10.12-14). Elles diffèrent cependant sur les implications qu'elles déduisent de ces textes. *Baptême, Eucharistie, Ministère* a noté que les ministres ordonnés « peuvent être proprement appelés prêtres parce qu'ils accomplissent un service sacerdotal particulier en fortifiant et en construisant le sacerdoce royal et prophétique des fidèles par la Parole et les sacrements, par leurs prières d'intercession et leur direction pastorale de la communauté »[13]. Dans ce sens, certaines Églises considèrent que le ministère ordonné entretient une relation spéciale avec le sacerdoce unique du Christ, lequel est distinct — quoique lui étant lié — du sacerdoce royal décrit en 1 P 2,9. Ces Églises considèrent que certaines personnes sont ordonnées pour une fonction sacerdotale particulière par le sacrement de l'ordination.[14] D'autres ne considèrent pas les ministres ordonnés comme des « prêtres », et d'autres encore ne conçoivent pas l'ordination dans une perspective sacramentelle. Il y a également désaccord entre les chrétiens sur la restriction traditionnelle réservant aux seuls hommes l'ordination au ministère de la Parole et des sacrements.

---

[13] *Baptême, Eucharistie, Ministère*, section sur le ministère, paragraphe 17.

[14] Voir les textes du dialogue catholiques-anglicans : *Ministry and Ordination* et *Elucidation* – repris in *Growth in Agreement I*, pp. 78-87 ; et ceux du dialogue orthodoxes-catholiques : *Le sacrement de l'ordre dans la structure sacramentelle de l'Église* – repris in *Growth in Agreement II*, pp. 671-679.

## Le ministère ordonné

*À maintes reprises, le dialogue œcuménique a fait apparaître que les questions ayant trait au ministère ordonné constituent de très sérieux obstacles sur le chemin de l'unité. Si des divergences telles que celles constatées à propos du sacerdoce des personnes ordonnées empêchent la pleine unité, il est impératif et urgent que les Églises découvrent comment il est possible de les surmonter.*

46.   On ne trouve, dans le Nouveau Testament, aucune règle générale unique relative au ministère, s'il est vrai par ailleurs que toutes les Églises vont scruter les Écritures pour tenter de suivre la volonté du Seigneur pour ce qui est de la manière dont il faut concevoir, ordonner et exercer le ministère ordonné. Parfois, l'Esprit a inspiré à l'Église d'adapter ses ministères aux besoins contextuels (cf. Ac 6,1-6). Différentes formes de ministère ont été bénies par les dons de l'Esprit Saint (cf. *Baptême, Eucharistie, Ministère* 22). Certains auteurs antiques, tels qu'Ignace d'Antioche, ont bien insisté sur le triple ministère de l'évêque, du presbytre et du diacre.[15] On peut vérifier que cette structure de trois ministères liés entre eux a des racines dans le Nouveau Testament ; à terme, elle a fini par être généralement acceptée et, aujourd'hui encore, de nombreuses Églises la considèrent comme normative. Depuis l'époque de la Réforme, certaines Églises ont adopté des structures de ministère différentes. [16]   Entre autres moyens de préserver l'apostolicité de l'Église, tels que le canon des Écritures, le dogme et l'ordre liturgique, le ministère ordonné a joué un rôle important. La succession dans le ministère a pour objet de servir la continuité apostolique de l'Église.

47.   À l'heure actuelle, presque toutes les communautés chrétiennes ont une structure formelle de ministère. Fréquemment, cette structure est diversifiée et reflète, plus ou moins explicitement, la triple structure *épiskopos-presbutéros-diakonos*. Cela dit, les Églises demeurent divisées sur le point de savoir si, oui ou non, l'« épiscopat historique » (c'est-à-dire des évêques ordonnés dans la succession apostolique remontant aux toutes premières générations de l'Église) ou, plus généralement, la succession apostolique du ministère ordonné est quelque chose que Christ a voulu pour son Église. Pour certaines, le triple ministère d'évêque, de

---

[15] Ignace : *Lettre aux Magnésiens* 6 et 13 ; *Lettre aux Tralliens* 7 ; *Lettre aux Philadelphiens* 4 ; *Lettre aux Smyrniotes* 8.

[16] Deux présentations intéressantes de ces évolutions depuis la Réforme sont le texte du dialogue réformés-catholiques : *Sur le chemin d'une compréhension commune de l'Église*, paragraphes 12-63, intitulé « Vers une réconciliation des mémoires » – repris in *Growth in Agreement II*, pp. 781-795 ; et le texte du dialogue luthériens-catholiques : *The Apostolicity of the Church*, Minneapolis 2006, paragraphes 65-164, pp. 40-71.

presbytre et de diacre est un signe de fidélité continue à l'Évangile, et il est essentiel pour la continuité de l'Église dans sa totalité.[17] Par contre, d'autres considèrent que la fidélité à l'Évangile n'est pas nécessairement liée aussi étroitement à la succession dans le ministère, et certaines se méfient de l'épiscopat historique, qu'elles considèrent comme susceptible d'abus et risquant donc d'être nocif pour le bien-être de la communauté. Pour sa part, *Baptême, Eucharistie, Ministère* se contente d'affirmer que le triple ministère « peut servir aujourd'hui d'expression à l'unité que nous cherchons et aussi de moyen pour y parvenir. »[18]

## *Le triple ministère*

*Compte tenu des signes d'un accord toujours plus large sur la place du ministère ordonné dans l'Église, nous en arrivons à nous demander : Les Églises peuvent-elles parvenir à un consensus sur le point de savoir si, oui ou non, le triple ministère relève de la volonté de Dieu pour l'Église en tant qu'il réalise l'unité que Dieu veut ?*

### *Le don de l'autorité dans le ministère de l'Église*

48.   Toute autorité dans l'Église provient de son Seigneur et Maître, Jésus Christ, qui a exercé son autorité – exprimée par le terme *exousia* (pouvoir, autorité déléguée, autorité morale, influence ; littéralement : « découlant de l'existence même de quelqu'un ») dans le Nouveau Testament – en enseignant (cf. Mt 5,2 ; Lc 5,3), en opérant des miracles (cf. Mc 1,30-34 ; Mt 14,35-36), en pratiquant des exorcismes (cf. Mc 1,27 ; Lc 4,35-36), en pardonnant les péchés (cf. Mc 2,10 ; Lc 5,4) et en guidant ses disciples sur les chemins du salut (cf. Mt 16,24). Tout le ministère de Jésus se caractérise par son autorité (cf. Mc 1,27 ; Lc 4,36), laquelle est mise au service des êtres humains. Ayant reçu « tout pouvoir au ciel et sur la terre » (Mt 28,18), Jésus a partagé son autorité avec les apôtres (cf. Jn 20,22). Leurs successeurs dans le ministère de supervision (*épiskopè*) ont exercé leur autorité dans

---

[17] Sur ce point, la déclaration luthéro-catholique *Église et justification* (1993) dit au paragraphe 185 : « Il n'y a pas de contradiction entre la doctrine de la justification et l'idée d'un ministère ordonné institué par Dieu et nécessaire pour l'Église » (*Growth in Agreement II*, p. 529). Néanmoins, quelques paragraphes plus loin, ce même texte ajoute : « La différence entre le point de vue luthérien et le point de vue catholique sur l'évaluation théologique et ecclésiologique n'est donc pas à ce point radicale qu'un rejet de ce ministère par les luthériens ou même leur indifférence à son égard soit en opposition avec l'affirmation catholique de son caractère indispensable pour l'Église. Il s'agit plutôt d'établir une claire gradation dans l'évaluation de ce ministère, qui peut être présenté par les catholiques – et l'a effectivement été – par des adjectifs tels que "nécessaire" ou "indispensable" et qualifié, du côté luthérien, d'"important" ou "sérieux" et donc "désirable" » (paragraphe 197 ; *Growth in Agreement II*, p. 532).

[18] *Baptême, Eucharistie, Ministère*, « Ministère », 22.

la proclamation de l'Évangile, dans la célébration des sacrements, en particulier de l'eucharistie, et dans la direction pastorale des croyants.[19]

49.   La nature distinctive de l'autorité dans l'Église ne peut être comprise et exercée correctement qu'à la lumière de l'autorité de son Chef, celui qui a été crucifié, qui s'est « dépouillé » et s'est fait « obéissant jusqu'à la mort, à la mort sur une croix » (Ph 2,7-8). Il s'agit de comprendre cette autorité dans le contexte de la promesse eschatologique faite par Jésus de mener l'Église à son parachèvement dans le Royaume des Cieux. Dans ce sens, l'autorité de l'Église est différente de celle du monde. Lorsque les disciples ont voulu faire preuve d'autorité les uns sur les autres, Jésus les a corrigés, disant qu'il n'était pas venu pour être servi mais pour servir et pour offrir sa vie pour les autres (cf. Mc 10,41-45 ; Lc 22,25). Il faut comprendre l'autorité dans l'Église comme un humble service, qui nourrit et édifie la *koinonia* de l'Église dans la foi, la vie et le témoignage ; elle est illustrée par l'acte de Jésus lavant les pieds de ses disciples (cf. Jn 13,1-17). C'est un service (*diakonia*) d'amour, sans aucune domination ni coercition.

50.   Il convient donc de faire une distinction entre l'autorité dans l'Église, sous ses diverses formes et à ses différents niveaux, et le simple pouvoir. Cette autorité vient de Dieu le Père par le Fils dans la puissance du Saint Esprit ; dans ce sens, elle reflète la sainteté de Dieu. Les sources de l'autorité reconnues à des degrés divers par les Églises – telles que l'Écriture, la Tradition, le culte, les conciles et les synodes –, reflètent également la sainteté du Dieu Trine. Cette autorité est reconnue partout où s'exprime la vérité qui mène à la sainteté, et la sainteté de Dieu sort de « la bouche des tout-petits et des nourrissons » (Ps 8,23 ; cf. Mt 21,16). La sainteté, c'est une plus grande authenticité dans la relation avec Dieu, avec les autres et avec la création. Tout au long de l'histoire, l'Église a reconnu une certaine autorité dans la vie des saints, dans le témoignage du monachisme et dans diverses manières dont des groupes de croyants ont vécu et exprimé la vérité de l'Évangile. Dans ce sens, on peut reconnaître une certaine autorité aux dialogues œcuméniques et aux déclarations conjointes auxquelles ils aboutissent lorsqu'ils reflètent une quête et une découverte communes de la vérité dans l'amour (cf. Ep 4,15), qu'ils appellent instamment les croyants à rechercher la volonté du Seigneur pour la communion ecclésiale et qu'ils invitent à une *metanoia* et à une sainteté de vie permanentes.

---

[19] Cette description fondamentale de l'autorité de Jésus et de son partage avec l'Église paraphrase étroitement la description proposée dans le document de Ravenne (2007), du dialogue orthodoxe-catholique, intitulé : *Conséquences ecclésiologiques et canoniques de la nature sacramentelle de l'Église – Communion ecclésiale, conciliarité et autorité*, paragraphe 12 ; cf. note 18, chapitre II ci-dessus.

51.   L'autorité que Jésus Christ, le seul Chef de l'Église, partage avec les personnes assumant un ministère de direction n'est ni simplement personnelle, ni uniquement déléguée par la communauté. C'est un don de l'Esprit Saint destiné pour le service (*diakonia*) de l'Église dans l'amour. Son exercice inclut la participation de la communauté tout entière, dont le sens de la foi (*sensus fidei*) contribue à la compréhension globale de la Parole de Dieu et dont la réception de la direction et de l'enseignement des ministres ordonnés atteste de l'authenticité de cette direction. Une relation d'amour mutuel et de dialogue unit les personnes qui exercent une autorité et celles qui y sont soumises. Du fait qu'il est un moyen de guider la communauté chrétienne dans la foi, le culte et le service avec l'*exousia* du Seigneur crucifié et ressuscité, l'exercice de l'autorité peut appeler à l'obéissance ; mais cet appel est censé être accueilli par une coopération et un consentement volontaires étant donné qu'il a pour but d'aider les croyants à croître vers la pleine maturité en Christ (cf. Ep 4,11-16)[20]. Le « sens » qu'a l'ensemble du peuple de Dieu de la signification authentique de l'Évangile, les idées des personnes qui se consacrent tout particulièrement aux études bibliques et théologiques et la direction des personnes spécialement consacrées pour le ministère de supervision – tout cela concourt à discerner la volonté de Dieu pour la communauté. Dans l'Église, le processus de prise de décisions recherche et obtient le consensus de toutes et tous sous la conduite de l'Esprit Saint, discernée dans l'écoute attentive de la Parole de Dieu et les uns des autres. Par le processus de réception active dans le temps, l'Esprit résout d'éventuelles ambiguïtés présentes dans les décisions. Grâce au mouvement œcuménique, les effets de l'enseignement dispensé avec autorité par certains dirigeants chrétiens ont pu dépasser les frontières de leur communauté particulière, même à notre temps et dans notre état actuel de division – par exemple la position de pointe adoptée par l'archevêque Desmond Tutu lorsqu'il a déclaré : « L'apartheid est trop fort pour être vaincu par une Église divisée »[21] ; les initiatives du patriarche Bartholomée visant à unir les dirigeants chrétiens au service de l'écologie ; les efforts déployés par les papes Jean-Paul II et Benoît XVI pour inviter les chrétiens et des dirigeants d'autres religions à prier et agir ensemble pour la paix ; et l'influence exercée par le frère Roger Schulz, qui a inspiré d'innombrables chrétiens, notamment des jeunes, à se rassembler pour célébrer ensemble le Dieu Trine.

---

[20] Cf. *Conséquences ecclésiologiques et canoniques de la nature sacramentelle de l'Église – Communion ecclésiale, conciliarité et autorité*, paragraphes 13-14 – cf. note 18, chapitre II ci-dessus.

[21] Tutu, Desmond : « Towards Koinonia in Faith, Life and Witness », in Best, Thomas et Gassmann, Günther (dir.) : *On the Way to Fuller Koinonia*, Genève 1994, pp. 96-97.

## *L'autorité dans l'Église et son exercice*

*Plusieurs dialogues bilatéraux ont enregistré de sérieux progrès dans la convergence sur le thème de l'autorité et de son exercice[22]. Des divergences demeurent cependant entre les Églises sur le poids relatif à accorder aux différentes sources d'autorité et sur d'autres questions telles que : Dans quelle mesure et sous quelles formes l'Église a-t-elle les moyens de parvenir à une expression normative de sa foi, et quel est le rôle des ministres ordonnés lorsqu'il s'agit de donner une interprétation de la révélation qui fasse autorité ? Pourtant, toutes les Églises conviennent qu'il est urgent de prêcher l'Évangile, de l'interpréter et de le vivre dans le monde — humblement mais avec une autorité convaincante. La quête d'une convergence œcuménique sur la manière dont l'autorité est reconnue et exercée ne pourrait-elle pas jouer un rôle constructif dans cette entreprise missionnaire des Églises ?*

*Le ministère de supervision (épiskopè)*

52. « L'Église comme Corps du Christ et peuple eschatologique de Dieu est constituée par le Saint Esprit à travers une diversité de dons et de ministères. Cette diversité appelle un ministère de coordination afin que ces dons puissent enrichir l'ensemble de l'Église, son unité et sa mission. »[23] L'exercice fidèle, conformément à l'Évangile, du ministère d'*épiskopè* par des personnes choisies et mises à part pour un tel ministère est une exigence d'une importance fondamentale pour la vie et la mission de l'Église. Concrètement, les structures d'*épiskopè* ont évolué de façons différentes en fonction des lieux et des temps ; pourtant, qu'elles aient ou non un ordre épiscopal, toutes les communautés continuent à juger nécessaire un ministère d'*épiskopè*. Dans chaque cas, l'*épiskopè* est au service du maintien de la continuité dans la foi apostolique et de l'unité de vie. Outre ses fonctions de prêcher la Parole et de célébrer les sacrements, une autre fonction principale de ce ministère est de sauvegarder et transmettre fidèlement la vérité révélée, de garder les paroisses locales dans la communion, d'apporter un soutien mutuel et de montrer l'exemple pour témoigner de l'Évangile. Cette direction inclut la supervision des diverses organisations chrétiennes de service qui ont pour mandat d'améliorer la vie humaine et de soulager les souffrances – des aspects du service de l'Église (*diakonia*) au monde dont nous reparlerons au chapitre suivant. Toutes

---

[22] Voir, par exemple, le rapport de la Commission internationale anglicane-catholique : *Authority in the Church* (1976) in *Growth in Agreement I*, pp. 88-105 ; *Authority in the Church II*, in *Growth in Agreement I*, pp. 106-118 ; *Le don de l'autorité* (1998), in *Growth in Agreement III*, pp. 60-81 ; on en trouve un écho aux paragraphes 83-84 du document du dialogue méthodistescatholiques : *Dire la vérité dans l'amour : L'autorité d'enseignement chez les méthodistes et les catholiques*, in *Growth in Agreement III*, pp. 163-164.

[23] *Baptême, Eucharistie, Ministère*, « Ministère », paragraphe 23.

ces fonctions, synthétisées dans le terme *épiskopè* ou supervision, sont exercées par des personnes qui entretiennent des relations non seulement avec les fidèles de leurs communautés respectives mais aussi avec celles qui exercent un tel ministère dans d'autres communautés locales. Voilà ce que signifie affirmer que, comme tout ministère dans l'Église, le ministère de supervision doit s'exercer selon un mode à la fois personnel, collégial et communautaire.[24] Ces modes d'exercice ont été succinctement décrits dans *Baptême, Eucharistie, Ministère* de la manière suivante : « Le ministère ordonné doit être exercé selon un mode *personnel*. Une personne ordonnée pour proclamer l'Évangile et appeler la communauté à servir le Seigneur dans l'unité de la vie et du témoignage, manifeste le plus effectivement la présence du Christ au milieu de son peuple. Le ministère ordonné doit être exercé selon un mode *collégial*, c'est-à-dire qu'il faut qu'un collège de ministres ordonnés partage la tâche de représenter les préoccupations de la communauté. Finalement, la relation étroite entre le ministère ordonné et la communauté doit trouver son expression dans une dimension *communautaire*, c'est-à-dire que l'exercice du ministère ordonné doit être enraciné dans la vie de la communauté et qu'il requiert sa participation effective dans la recherche de la volonté de Dieu et de la conduite de l'Esprit »[25].

53.   Un tel exercice de supervision reflète la qualité de l'Église que l'on pourrait appeler « synodalité » ou « conciliarité ». Le mot *synode* vient des termes grecs *sun* = avec et *odos* = chemin, ce qui suggère que l'on « avance ensemble ». Tant la synodalité que la conciliarité signifient que « chaque membre du Corps du Christ a sa place et sa propre responsabilité » dans la communion de l'Église.[26] Sous la conduite de l'Esprit Saint, l'Église tout entière est synodale/conciliaire, à tous les niveaux de la vie ecclésiale : local, régional et universel. La qualité de synodalité ou conciliarité reflète le mystère de la vie trinitaire de Dieu, et les structures de l'Église expriment cette qualité de façon à actualiser la vie de la communauté en tant que communion. Dans la communauté eucharistique locale, cette qualité est concrètement vécue dans l'unité profonde – dans l'amour et la vérité – entre les membres et le ministre qui préside. Dans des situations cruciales, des synodes se

---

[24] La première conférence de Foi et constitution (Lausanne 1927) avait pris acte de la constitution de l'Église en systèmes « épiscopaux », « presbytéraux » et « communautaires », ajoutant que les valeurs qui sous-tendent ces trois ordres étaient « considérées par beaucoup comme essentielles au bon ordre de l'Église » – in Bate, H. N. (dir.) : *Faith and Order Proceedings of the World Conference : Lausanne, August 3-21, 1927*, Student Christian Movement, Londres 1927, p. 379. Cinquante-cinq ans plus tard, *Baptême, Eucharistie, Ministère*, dans la section sur le Ministère : « Commentaire sur le paragraphe 26 », citait ce texte de Lausanne pour justifier l'affirmation selon laquelle le ministère ordonné devait s'exercer selon un mode personnel, collégial et communautaire.

[25] *Baptême, Eucharistie, Ministère*, « Ministère », paragraphe 26.

[26] Voir le document du dialogue international orthodoxes-catholiques : *Communion ecclésiale, conciliarité et autorité*, paragraphe 5 qui, entre autres choses, note également que l'on peut considérer synodalité et conciliarité comme synonymes.

sont réunis pour discerner la foi apostolique face à des hérésies ou des dangers moraux ou doctrinaux, plaçant leur confiance dans la conduite de l'Esprit Saint, que Jésus a promis d'envoyer après qu'il serait retourné auprès du Père (cf. Jn 16,7.12-14). Des synodes œcuméniques ont vu la participation de dirigeants venus de l'Église tout entière ; leurs décisions ont été reçues par tous comme une reconnaissance du service important qu'ils jouaient pour nourrir et maintenir la communion dans l'Église tout entière.[27] À l'heure actuelle, les Églises ont des conceptions et pratiques différentes pour ce qui concerne la participation et le rôle des laïques dans les synodes.

### *L'autorité des conciles œcuméniques*

*Si la plupart des Églises admettent que les définitions doctrinales des premiers conciles œcuméniques expriment l'enseignement du Nouveau Testament, certaines affirment que toutes les décisions doctrinales post-bibliques peuvent être révisées ; d'autres, par contre, considèrent que certaines définitions doctrinales sont des expressions normatives et donc irréformables de la foi. Le dialogue œcuménique a-t-il permis de faire une évaluation commune de la normativité de l'enseignement des premiers conciles œcuméniques ?*


54.   Chaque fois que l'Église se réunit pour délibérer et prendre d'importantes décisions, il faut qu'il y ait quelqu'un pour convoquer l'assemblée et la présider afin de faire respecter l'ordre et de faciliter la recherche, le discernement et l'expression d'un consensus. Les personnes qui président doivent toujours être au service des personnes dont elles président l'assemblée pour l'édification de l'Église de Dieu, en amour et en vérité. Les personnes qui président ont le devoir de respecter l'intégrité des Églises locales, de donner la voix à qui n'en a pas et d'affirmer l'unité dans la diversité.

55.   Le terme *primatie* renvoie à la coutume et à l'usage, déjà reconnus par les premiers conciles œcuméniques comme une pratique ancienne, par lesquels les

---

[27] Un concile ou synode « œcuménique » serait un concile représentant l'ensemble du monde chrétien. Le premier concile universellement reconnu comme tel est celui qui se tint à Nicée en 325 pour affirmer la divinité du Christ en réponse au nouvel enseignement d'Arius, qui niait que le Fils fût égal au Père. Les Églises ne sont pas d'accord sur le nombre de conciles œcuméniques. À propos des conciles œcuméniques et de leur autorité, voir par exemple le document du dialogue luthériens-orthodoxes : *Les conciles œcuméniques et l'autorité de et dans l'Église* (1993), in *Growth in Agreement III*, pp. 12-14 ; et la sous-section intitulée « Councils and the Declaration of the Faith » dans un document du dialogue Disciples-catholiques : *Receiving and Handing on the Faith : The Mission and Responsibility of the Church*, in *Growth in Agreement II*, pp. 125-127 ; voir aussi *Councils and the Ecumenical Movement*, COE, Genève 1968.

évêques d'Alexandrie, de Rome et d'Antioche, auxquels furent ajoutés par la suite ceux de Jérusalem et de Constantinople, exerçaient un ministère personnel de supervision sur un territoire bien plus large que celui de leurs provinces ecclésiastiques respectives. On ne considérait pas alors que cette supervision primatiale fût en contradiction avec la conciliarité/synodalité, laquelle exprime plus le service collégial de l'unité. Historiquement, des formes de *primatie* ont existé à différents niveaux. D'après le canon 34 des *Canons apostoliques*, qui exprime la conception que l'Église avait d'elle-même au cours des premiers siècles et que beaucoup d'Églises – quoique pas toutes – respectent encore, le premier parmi les évêques d'un pays ne prenait de décisions qu'en accord avec les autres évêques, et ces derniers ne prenaient aucune décision importante sans l'accord du premier.[28] Même au cours des premiers siècles, les divers ministères de primatie ont souffert de la concurrence entre des dirigeants de l'Église. Progressivement, l'évêque de Rome a revendiqué une primauté de décision (juridiction) et d'autorité d'enseignement qui s'étendait à l'ensemble du peuple de Dieu, se fondant sur la relation entre cette Église locale et les apôtres Pierre et Paul. Bien que cette primauté ait été reconnue par de nombreuses Églises des premiers siècles, son rôle essentiel et son mode d'exercice ont suscité de nombreuses controverses. Ces dernières années, le mouvement œcuménique a contribué à créer un climat plus conciliant dans lequel a été discuté un ministère au service de l'unité de l'Église tout entière.

56. En partie du fait des progrès déjà enregistrés dans les dialogues bilatéraux et multilatéraux, la Cinquième Conférence mondiale de Foi et constitution a posé la question d'un « ministère universel de l'unité chrétienne ».[29] Dans son encyclique *Ut unum sint*, Jean-Paul II a cité ce texte lorsqu'il a invité les dirigeants d'Églises et leurs théologiens à instaurer avec lui « un dialogue fraternel et patient »[30] à propos de ce ministère. Lors de discussions ultérieures, malgré la persistance de plusieurs thèmes de désaccord, certains membres d'autres Églises ont déclaré être disposés

---

[28] On trouvera ce canon à l'adresse suivante : http ://www.newadvent.org/fathers/3820.htm.

[29] « Report of Section II : Confessing the One Faith to God's Glory », paragraphe 31.2, in Best, Thomas et Gassmann, Günther (dir.) : *On the Way to Fuller Koinonia*, COE, Genève 1994, p. 243.

[30] Jean-Paul II : *Ut unum sint* (1995), paragraphe 96. Un rapport intitulé *Petrine Ministry* présente une synthèse et une analyse des divers dialogues œcuméniques qui, jusqu'en 2001, ont abordé cette question d'un ministère de primatie ainsi que les réactions à l'invitation faite par Jean-Paul II à dialoguer sur ce ministère. Dans ce rapport, les questions centrales étaient regroupées sous quatre têtes de chapitre : « Fondements scripturaires » – « *De jure divino* » [savoir si l'on peut fonder un tel ministère sur la volonté de Dieu] – « Juridiction universelle » [l'exercice de l'autorité ou du pouvoir dans l'Église] – « Infaillibilité papale ». On trouvera ce rapport préliminaire in *Information Service* n° 109 (2002/I-II), pp. 29-42 ; il montre que l'évaluation d'un « ministère pétrinien » varie beaucoup en fonction de la tradition particulière à laquelle appartient une communauté chrétienne.

à discuter de la manière dont un tel ministère pourrait faire progresser l'unité des Églises locales dans le monde entier tout en promouvant – au lieu de les menacer – les traits caractéristiques de leur témoignage. Considérant la sensibilité œcuménique sur cette question, il est important d'établir une distinction entre l'essence d'un ministère de primatie et tous les modes ou formes particuliers dont il s'est exercé ou s'exerce aujourd'hui. Tout le monde est prêt à admettre qu'un tel ministère primatial personnel, sous quelque forme qu'il se présente, devrait s'exercer sous des formes communautaires et collégiales.

57.   Il reste encore beaucoup à faire pour arriver à une convergence sur ce sujet. À l'heure actuelle, des chrétiens n'admettent pas qu'un ministère universel de primatie soit nécessaire ni même souhaitable, même si plusieurs dialogues bilatéraux ont admis la valeur d'un ministère au service de l'unité de l'ensemble de la communauté chrétienne, ou même qu'un tel ministère peut être inclus dans la volonté de Christ pour son Église.[31] Cette absence d'accord se constate non seulement entre certaines familles d'Églises mais aussi au sein même de certaines Églises. D'importantes discussions œcuméniques ont eu lieu à propos de preuves que contiendrait le Nouveau Testament à propos d'un ministère au service de l'unité générale de l'Église, tels que ceux de saint Pierre ou de saint Paul. Néanmoins, des désaccords subsistent à propos de l'importance et du sens de leurs ministères respectifs et de ce qu'ils peuvent impliquer concernant l'éventuelle intention de Dieu qu'il y ait une certaine forme de ministère au service de l'unité et de la mission de l'Église dans son ensemble.

### Un ministère universel d'unité

*Si, conformément à la volonté du Christ, les divisions actuelles sont surmontées, comment un ministère qui favoriserait et promouvrait l'unité de l'Église au niveau universel pourrait-il être envisagé et exercé ?*

---

[31] Voir le rapport de la Commission internationale anglicane-catholique : *Le don de l'autorité* (1998) in *Growth in Agreement III*, pp. 60-81, et le document du Dialogue international orthodoxes-catholiques : *Conséquences ecclésiologiques et canoniques de la nature sacramentelle de l'Église.*

# CHAPITRE IV

## L'Église – Dans et pour le monde


## A. Le plan de Dieu pour la création – Le Royaume

58.  La raison d'être de la mission de Jésus est résumée dans cette phrase : « Dieu, en effet, a tant aimé le monde qu'il a donné son Fils, son unique » (Jn 3,16). Ainsi, l'attitude première et essentielle de Dieu envers le monde, c'est l'amour – pour tout enfant, toute femme et tout homme qui soient jamais devenus parties de l'histoire humaine – mais aussi pour toute la création. Le Royaume de Dieu, que Jésus a prêché en révélant la Parole de Dieu en paraboles et qu'il a inauguré par ses actes de puissance, en particulier par le mystère pascal de sa mort et de sa résurrection, est la destinée ultime de l'univers tout entier. Dieu a voulu l'Église non pas pour elle-même mais pour servir le plan divin en vue de la transformation du monde. Dans ce sens, le service (*diakonia*) relève de l'essence même de l'Église. Le document d'étude *Église et monde* décrit ce service de la manière suivante : « En tant que corps du Christ, l'Église participe au mystère divin. En tant que mystère, elle révèle le Christ au monde, en proclamant l'Évangile, en célébrant les sacrements (qualifiés eux-mêmes de « mystères »), en manifestant le caractère nouveau de la vie qu'il donne ; ce faisant, elle anticipe le Royaume déjà présent en lui »[1].

59.  La mission de l'Église dans le monde consiste à proclamer à toutes et à tous, en paroles et en actes, la Bonne Nouvelle du salut en Jésus Christ (cf. Mc 16,15). Dans ce sens, l'évangélisation est l'une des tâches les plus essentielles de l'Église en obéissance au commandement de Jésus Christ (cf. Mt 28,18-20). L'Église est appelée par Christ, dans l'Esprit Saint, à rendre témoignage de la réconciliation, de

---

[1] *Église et monde – L'unité de l'Église et le renouveau de la communauté humaine*, COE, Genève 1990, chapitre III, paragraphe 21.

la guérison et de la transformation de la création opérées par le Père. De ce fait, un aspect constitutif de l'évangélisation est la promotion de la justice et de la paix.

60.   Aujourd'hui, les chrétiens sont plus conscients du vaste éventail de religions différentes, autres que la leur, et des vérités et valeurs positives qu'elles contiennent.[2] Cela pousse les chrétiens à rappeler les passages de l'Évangile dans lesquels Jésus lui-même parle positivement de ceux qui étaient « étrangers » ou « autres » pour les gens qui l'écoutaient (cf. Mt 8,11-12 ; Lc 7,9 ; 13,28-30). Les chrétiens reconnaissent que la liberté religieuse est l'une des dimensions fondamentales de la dignité humaine et, dans la charité à laquelle Jésus lui-même a appelé, ils cherchent à respecter cette dignité et à dialoguer avec les autres, non pas seulement pour communiquer les richesses de la foi chrétienne mais aussi pour apprécier tous éléments de vérité et de bonté qui peuvent être présents dans les autres religions. Par le passé, lorsqu'on proclamait l'Évangile à des gens qui ne l'avaient pas encore entendu, on n'a pas toujours accordé à leurs religions le respect qui leur était dû. L'évangélisation devrait toujours être respectueuse des personnes qui ont d'autres convictions. Communiquer la joyeuse nouvelle de la vérité révélée dans le Nouveau Testament et inviter les autres à la plénitude de vie en Christ est une expression d'amour respectueux.[3] Dans le contexte actuel d'une prise de conscience croissante du pluralisme religieux, la possibilité de salut pour les personnes qui ne croient pas explicitement au Christ et la relation entre le dialogue interreligieux et la proclamation que Jésus est amour sont de plus en plus souvent des sujets de réflexion et de discussion entre les chrétiens.

---

[2] Sur les questions relatives à ce sujet, voir *Identité chrétienne et pluralité religieuse* (2006), résultat d'un processus d'étude lancé en réponse à une proposition formulée en 2002 à l'occasion de la session du Comité exécutif du COE et destinée aux trois équipes de Foi et constitution, Relations et dialogue interreligieux et Mission et évangélisation, qu'on trouvera à l'adresse suivante : http ://www.oikoumene.org/fr/resources/documents/assembly/2006-porto-alegre/3-preparatory-and-background-documents/religious-plurality-and-christian-self-understanding. Cette déclaration s'inscrit dans le sillage de la discussion portant sur la relation entre la mission et les religions du monde qui a eu lieu à la Conférence de la Commission de Mission et évangélisation qui s'est tenue à San Antonio en 1989. Du fait qu'elles ne sont pas sans rapport avec les thèmes généraux abordés dans ce chapitre, il sera fait mention des relations interreligieuses dans chacune de ses trois sections.

[3] La *Charta oecumenica* (2001) de la Conférence des Églises européennes (KEK) et du Conseil des Conférences épiscopales d'Europe (CCEE) dit en son paragraphe 2 : « Nous nous engageons à reconnaître que toute personne peut choisir son engagement religieux et ecclésial dans la liberté de sa conscience. Personne ne doit être poussé à se convertir par pression morale ou incitations matérielles. De même, personne ne doit être empêché de se convertir selon sa libre décision. » Voiraussi : *Le témoignage chrétien dans un monde multireligieux — Recommandations de conduite,* adopté le 28 janvier 2011 par le Conseil pontifical pour le dialogue interreligieux, le Conseil œcuménique des Églises et l'Alliance évangélique mondiale : http ://www.vatican.va/roman_curia/pontifical_councils/interelg/documents/rc_pc_interelg_doc_20111110_testimonianza-cristiana_fr.html.

*Réponse œcuménique au pluralisme religieux*

*De sérieux désaccords persistent sur ces sujets tant au sein de certaines Églises qu'entre elles. Le Nouveau Testament enseigne que Dieu veut le salut de tous les êtres humains (cf. 1 Tm 2,4) et, en même temps, que Jésus est le seul et unique sauveur du monde (cf. 1 Tm 2,5 ; Ac 4,12). Quelles conclusions peut-on tirer de ces enseignements bibliques concernant la possibilité de salut pour qui ne croit pas au Christ ? Pour certains, sous des formes que Dieu seul connaît, le salut en Christ par la puissance de l'Esprit Saint est possible pour qui ne partage pas explicitement la foi chrétienne. D'autres ne voient pas comment ce point de vue correspond suffisamment aux passages bibliques qui parlent de la nécessité de la foi et du baptême pour le salut. Les divergences sur ce point auront des répercussions sur la manière de comprendre et de pratiquer la mission de l'Église. Dans le contexte actuel d'une prise de conscience croissante de la vitalité de différentes religions dans le monde entier, comment les Églises peuvent-elles parvenir à une plus grande convergence sur ces questions et coopérer plus efficacement dans le témoignage de l'Évangile en paroles et en actes ?*

## B. Le défi moral de l'Évangile

61.   Les chrétiens sont appelés à se repentir de leurs péchés, à pardonner aux autres et à mener une vie sacrificielle de service : être disciple implique un engagement moral. Cependant, comme saint Paul le souligne bien dans son enseignement, les êtres humains ne sont pas justifiés par des œuvres de la loi mais par la grâce obtenue par la foi (cf. Rm 3,21-26 ; Ga 2,19-21). Ainsi, la communauté chrétienne vit dans la sphère de la grâce et du pardon divins, ce qui constitue la source de la vie morale des croyants et la façonne. Dans la perspective du rétablissement de l'unité, il est tout particulièrement important que les deux communautés dont la séparation a marqué le début de la Réforme protestante soient parvenues à un consensus sur les aspects centraux de la doctrine de la justification par la foi, ce qui était le principal point de désaccord au moment de leur division.[4] C'est sur la base de la foi et de la grâce que l'engagement moral et l'action commune sont possibles et devraient être affirmés comme inhérents à la vie et à l'être de l'Église.

---

[4] Voir la *Déclaration conjointe sur la doctrine de la justification de la Fédération Luthérienne Mondiale et de l'Église catholique*, http://www.vatican.va/roman_curia/pontifical_councils/chrstuni/documents/rc_pc_chrstuni_doc_31101999_cath-luth-joint-declaration_fr.html

62.    L'éthique des chrétiens, en tant que disciples, a ses racines en Dieu, le créateur et révélateur, et elle prend forme dans la mesure où la communauté s'efforce de comprendre la volonté de Dieu dans les différentes circonstances de lieu et de temps. L'Église ne se tient pas à l'écart des luttes morales de l'humanité dans son ensemble. Avec les adhérents d'autres religions ainsi qu'avec toute personne de bonne volonté, les chrétiens doivent promouvoir non seulement les valeurs morales individuelles qui sont essentielles pour la réalisation authentique de la personne humaine mais encore les valeurs sociales de justice, de paix et de protection de l'environnement, étant donné que le message de l'Évangile recouvre tant les aspects personnels que les aspects communautaires de l'existence humaine. Dans ce sens, la *koinonia* inclut non seulement la confession de la foi une et la célébration d'un culte commun mais aussi des valeurs morales communes, fondées sur l'inspiration et les indications de l'Évangile. Nonobstant leur état actuel de division, les Églises ont à tel point avancé sur le chemin de la communion fraternelle entre elles qu'elles sont conscientes que, ce que l'une fait affecte la vie des autres ; et, en conséquence, elles sont de plus en plus conscientes de la nécessité de  se rendre mutuellement des comptes pour ce qui est de leurs réflexions et décisions en matière éthique. Dans la mesure où les Églises s'engagent sur la voie du questionnement et de l'affirmation mutuels, elles donnent expression à ce qu'elles partagent en Christ.

63.    Si les tensions à propos de questions morales ont toujours posé des problèmes à l'Église, les évolutions dans les domaines philosophique, social et culturel ont amené le monde d'aujourd'hui à repenser de nombreuses normes morales, ce qui provoque, à propos des principes moraux et des questions éthiques, de nouveaux conflits qui affectent l'unité des Églises. En même temps, les questions morales sont en rapport avec l'anthropologie chrétienne et, lorsqu'il s'agit d'évaluer de nouveaux états de la réflexion morale, priorité est donnée à l'Évangile. Il arrive que des chrétiens et des Églises se trouvent divisés, sinon même dans des camps opposés, pour dire quels sont les principes de morale personnelle ou collective qui sont en harmonie avec l'Évangile de Jésus Christ. En outre, certains considèrent que, de par leur nature, les questions morales ne sont pas causes de divisions dans l'Église, alors que d'autres sont fermement convaincus du contraire.

### Les questions morales et l'unité de l'Église

*Le dialogue œcuménique aux niveaux multilatéral et bilatéral a commencé à esquisser quelques-uns des paramètres de l'importance de la doctrine et de la pratique morales pour l'unité des chrétiens.⁵ Si l'on veut que le dialogue œcuménique actuel et futur serve tant la mission de l'Église que son unité, il est important que ce dialogue traite explicitement des enjeux que les questions morales de notre temps constituent pour la convergence. Nous invitons les Églises à approfondir ces thèmes dans un esprit d'attention et de soutien mutuels. Comment les Églises, guidées par l'Esprit, pourraient-elles discerner ensemble ce que cela signifie aujourd'hui que de comprendre et vivre dans la fidélité à l'enseignement et au comportement de Jésus ? Comment, lorsqu'elles se lancent dans cette tâche de discernement, les Églises peuvent-elles proposer des modèles appropriés de discours et de sage conseil aux sociétés dans lesquelles elles sont appelées à servir ?*

## C. L'Église dans la société

64.   Le monde que « Dieu a tant aimé » est traumatisé par des problèmes et tragédies qui réclament à grands cris l'engagement compatissant des chrétiens. La source de leur passion pour la transformation du monde, c'est leur communion avec Dieu en Jésus Christ. Ils croient que Dieu, qui est justice, miséricorde et amour absolu, peut agir par leur truchement, dans la puissance de l'Esprit Saint. Ils vivent comme des disciples de celui qui s'est préoccupé du sort des aveugles, des boiteux et des lépreux, qui a accueilli les pauvres et les exclus et qui a contesté les autorités lorsqu'elles manifestaient peu de respect pour la dignité humaine ou la volonté de Dieu. Il est impératif que l'Église aide ceux qui n'ont aucun pouvoir dans la société à se faire entendre ; parfois, elle doit devenir une voix pour qui n'en a pas. Justement en raison de leur foi, les communautés chrétiennes ne peuvent rester sans réagir face aux catastrophes naturelles dont sont victimes leurs frères et sœurs humains, non plus qu'aux menaces contre la santé telles que la pandémie du VIH et du sida. La foi les pousse en outre à œuvrer en faveur d'un ordre social juste, dans lequel les biens de cette terre pourront être partagés équitablement, les souffrances des pauvres allégées et la misère absolue, un jour, éliminée. Les formidables inégalités économiques qui accablent la famille humaine, telles que celles qui, aujourd'hui, marquent souvent la différence entre le Nord et le Sud de la planète, doivent être, pour les Églises, des sujets de préoccupation constante.

---

⁵ Par exemple la déclaration de la Commission internationale anglicane-catholique : *Life in Christ : Morals, Communion and the Church* (1993) in *Growth in Agreement II*, pp. 344-370 ; et le document d'étude du Groupe de travail mixte du COE et de l'Église catholique : *The Ecumenical Dialogue on Moral Issues : Potential Sources of Common Witness or of Divisions* (1995) in *The Ecumenical Review* 48(2), avril 1996, pp. 143-154. Pour les récents travaux sur le discernement moral dans les Églises, voir *The Standing Commission on Faith and Order Meeting in Holy Etchmiadzin, Armenia*, COE, Genève 2011, pp. 9-10 et 18-20.

En tant que disciples du « Prince de la Paix », les chrétiens se font les avocats de la paix, en particulier en s'efforçant d'éliminer les causes de la guerre (dont les principales sont, notamment, l'injustice économique, le racisme, la haine ethnique et religieuse, le nationalisme exagéré, l'oppression et le recours à la violence pour résoudre les différends). Jésus a dit qu'il était venu pour que les êtres humains aient la vie en abondance (cf. Jn 10,10) ; ses disciples reconnaissent la responsabilité qu'ils ont de défendre la vie et la dignité humaines. Ces obligations incombent tout autant aux Églises qu'aux croyants à titre individuel. Chaque contexte fournira ses propres indications pour discerner la réponse chrétienne appropriée dans un ensemble particulier de circonstances. Même maintenant, des communautés chrétiennes peuvent pratiquer ce discernement ensemble – et elles le font effectivement –, et unissent leurs efforts pour soulager les souffrances d'être humains et pour contribuer à créer une société qui favorisera la dignité humaine[6]. Les chrétiens chercheront à promouvoir les valeurs du Royaume de Dieu en collaborant avec les adhérents d'autres religions et même avec les personnes n'ayant aucune croyance religieuse.

65. De nombreux facteurs historiques, culturels et démographiques conditionnent les relations entre l'Église et l'État, et entre l'Église et la société. Différents modèles de cette relation, fondés sur des circonstances contextuelles, peuvent être des expressions légitimes de la catholicité de l'Église. Il est tout à fait approprié que des croyants jouent un rôle positif dans la vie civique. Il est cependant arrivé que des chrétiens agissent en collusion avec des autorités laïques pour justifier sinon même encourager des activités peccamineuses et injustes. Jésus a explicitement appelé ses disciples à être « le sel de la terre » et « la lumière du monde » (cf. Mt 5,13-16), et cela a amené des chrétiens à s'associer avec des autorités politiques et économiques pour promouvoir les valeurs du Royaume de Dieu et pour s'opposer à des politiques et initiatives qui les contredisaient. Cela implique de faire une analyse critique des structures injustes, de les dénoncer et d'œuvrer à les transformer, mais aussi de soutenir des initiatives des autorités civiles allant dans le sens de la justice, de la paix, de la protection de l'environnement et de l'assistance aux pauvres et aux opprimés. De cette manière, les chrétiens peuvent s'inscrire dans la tradition des prophètes qui ont proclamé le jugement de Dieu sur toute injustice. Il est très probable que cela les exposera à la persécution et à la souffrance. S'étant fait serviteur, le Christ a offert sa vie sur la

---

[6] Voir par exemple le document conjoint du dialogue réformés-catholiques : *L'Église comme communauté de témoignage commun du Royaume de Dieu,* dont le second chapitre présente la coopération entre ces Églises à propos des droits des aborigènes au Canada, de l'apartheid en Afrique du Sud et de la paix en Irlande du Nord, et dont le troisième chapitre décrit les structures de discernement employées dans chaque communauté – in PCPCU : *Information Service* n° 125 (2007/III), pp. 121-138, et *Reformed World* 57(2/3), juin-septembre 2007, pp. 105-207.

croix, et il a lui-même prédit que ses disciples devaient s'attendre à un sort identique. Le témoignage (*marturia*) de l'Église implique, tant pour les individus que pour la communauté, le chemin de croix – jusque même au martyre (cf. Mt 10,16-33).

66.   L'Église se compose de personnes appartenant à toutes les classes socio-économiques : riches et pauvres ont tous besoin du salut que seul Dieu peut accorder. Suivant l'exemple de Jésus, l'Église est appelée et habilitée, de façon toute particulière, à partager le sort des personnes qui souffrent, à s'occuper de celles qui sont dans le besoin ou marginalisées. L'Église proclame les paroles d'espérance et de réconfort de l'Évangile, elle fait œuvre de compassion et de miséricorde (cf. Lc 4,18-19) et elle a reçu mandat de guérir et réconcilier les relations humaines brisées et de servir Dieu dans le ministère de réconciliation entre les personnes divisées par la haine ou les différends (cf. 2 Co 5,18-21). Avec toutes les personnes de bonne volonté, l'Église s'efforce de prendre soin de la création – laquelle gémit dans les douleurs, aspirant à participer à la liberté des enfants de Dieu (cf. Rm 8,20-22) – en s'opposant aux abus et à la destruction dont la terre est victime et en participant à la guérison divine des relations brisées entre la création et l'humanité.

# CONCLUSION

67.   L'unité du Corps du Christ consiste en le don de la *koinonia*, cette communion que Dieu accorde gracieusement aux êtres humains. Un consensus s'impose de plus en plus : en tant que communion avec la Sainte Trinité, la *koinonia* se manifeste sous trois formes liées entre elles : unité dans la foi, unité dans la vie sacramentelle et unité dans le service (sous toutes ses formes, y compris dans le ministère et la mission). La liturgie, en particulier la célébration de l'eucharistie, sert de paradigme dynamique pour ce à quoi ressemble cette *koinonia* à notre époque. Dans la liturgie, le peuple de Dieu se trouve effectivement en communion avec Dieu et dans une communauté fraternelle avec les chrétiens de tous les temps et tous les lieux. Il se rassemble avec la personne qui préside, proclame la Bonne Nouvelle, confesse sa foi, prie, enseigne et apprend, offre louanges et actions de grâce, reçoit le Corps et le Sang du Seigneur et est envoyé en mission.[1] Saint Jean Chrysostome a parlé de deux autels : l'un dans l'église, l'autre parmi les pauvres, les souffrants et les personnes dans la détresse.[2] Renforcée et nourrie par la liturgie, l'Église doit poursuivre la mission vivificatrice du Christ dans un ministère prophétique et compatissant au monde et dans la lutte contre toute forme d'injustice et d'oppression, de méfiance et de conflit créés par les êtres humains.

68.   Un bienfait du mouvement œcuménique a été la découverte des multiples aspects de la qualité de disciples que les Églises ont en commun, même si elles ne vivent pas encore en pleine communion. Nos fractures et divisions contredisent la volonté de Christ pour l'unité de ses disciples et font obstacle à la mission de l'Église. C'est pourquoi la restauration de l'unité entre les chrétiens, sous la

---

[1] Les phrases précédentes répètent et paraphrasent dans une large mesure la déclaration du 9e Forum sur les dialogues bilatéraux qui s'est tenu à Breklum (Allemagne) en mars 2008. Pour la déclaration adoptée par ce Forum, voir *The Ecumenical Review* 61(3), octobre 2009, pp. 343-347 : et http ://www.oikoumene.org/en/resources/documents/commissions/faith-and-order/viii-forums-on-bilateral-dialogues/many-ways-to-christian-unity-the-ninth-forum-on-bilateral-dialogues-2008/@@download/file/breklum-statement.pdf
[2] Saint Jean Chrysostome : Homélie 50, 3-4, in Migne, J. P. : *Patrologia Graeca* 58, 508-509.

direction de l'Esprit Saint, constitue une tâche aussi urgente. La croissance dans la communion se réalise dans cette plus large communauté de croyants qui englobe aussi le passé et l'avenir pour inclure la communion des saints tout entière. La destinée ultime de l'Église, c'est d'être assumée dans la *koinonia*/communion du Père, du Fils et de l'Esprit Saint afin qu'elle fasse partie de la création nouvelle, louant Dieu et se réjouissant en lui à jamais (cf. Ap 21,1-4 ; 22,1-5).

69.  « Dieu n'a pas envoyé son Fils dans le monde pour juger le monde, mais pour que le monde soit sauvé par lui » (Jn 3,17). Le Nouveau Testament se conclut par la vision d'un ciel nouveau et d'une terre nouvelle, transformés par la grâce de Dieu (cf. Ap 21,1-22,5). Ce nouveau cosmos nous est promis pour la fin de l'histoire, mais il est déjà présent par anticipation alors même que, maintenant, soutenue par la foi et l'espérance au cours de son pèlerinage dans le temps, l'Église appelle dans l'amour et le culte : « Viens, Seigneur Jésus ! » (Ap 22,20). Le Christ aime l'Église comme l'époux aime son épouse (cf. Ep 5,25) et, en attendant le festin des noces de l'Agneau dans le Royaume des cieux (cf. Ap 19,7), il partage avec elle sa mission : apporter lumière et guérison aux êtres humains en attendant qu'il revienne dans la gloire.

# *Note historique*

## Le processus d'élaboration de *L'Église – Vers une vision commune*

Le Conseil œcuménique des Églises se présente comme « une communauté fraternelle d'Églises qui confessent le Seigneur Jésus Christ comme Dieu et Sauveur selon les Écritures et s'efforcent de répondre ensemble à leur commune vocation pour la gloire du seul Dieu, Père, Fils et Saint Esprit »[1]. Cette « commune vocation » pousse les Églises à rechercher ensemble une convergence et un plus grand consensus sur les questions ecclésiologiques qui les divisent encore : Qu'est-ce que l'Église ? Quel est le rôle de l'Église dans le dessein cosmique de Dieu, qui est de récapituler toutes choses en Jésus Christ ?

Au cours des siècles passés, la manière dont les Églises ont répondu à ces questions a été marquée par le fait qu'elles vivent et font de la théologie dans une situation de division ecclésiale qui est anormale. Il n'est donc pas surprenant qu'une grande importance accordée à l'ecclésiologie – la question théologique relative à l'Église – accompagne l'histoire du mouvement œcuménique moderne.

C'est ainsi que, en 1927, la Première Conférence mondiale de Foi et constitution s'est concentrée sur sept sujets théologiques[2]. L'un d'eux portait sur la nature de l'Église ; un second traitait de la relation entre l'Église une que nous confessons et les Églises divisées que nous connaissons dans l'histoire. Sur la base des réactions des Églises aux conclusions de cette réunion,[3] les personnes chargées d'organiser la Seconde Conférence mondiale de Foi et constitution, en 1937, avaient proposé

---

[1] Conseil œcuménique des Églises : *Constitution et Règlement*, « Constitution – I. Base ».

[2] Cf. Bate, H. N. (dir.) : *Faith and Order – Proceedings of the World Conference – Lausanne, August 3-21, 1927* : George H. Doran Company, New York 1927, en part. pp. 463-466. *Reports of the World Conference on Faith and Order – Lausanne Switzerland August 3 to 21, 1927*, Faith and Order Secretariat, Boston 1928, pp. 19-24.

[3] Pour une sélection des réactions, voir Dodgson, L. (dir.) : *Convictions – A Selection from the Responses of the Churches to the Report of the World Conference on Faith and Order, Held at Lausanne in 1927*, Student Christian Movement Press, Londres 1934.

que le thème général de cette conférence fût : « L'Église dans le dessein de Dieu » [4]. Si cette Deuxième Conférence mondiale ne s'en est pas strictement tenue à ce thème, deux de ses cinq sections furent chargées de discuter de questions ecclésiologiques fondamentales : « L'Église de Christ et la Parole de Dieu » et « La communion des saints »[5]. La Conférence mondiale de 1937 s'est conclue avec la conviction que les questions relatives à la nature de l'Église étaient à la racine de la plupart des problèmes qui les divisaient encore[6].

En 1948, la reconnaissance de l'unicité en Christ a donné naissance à une communauté fraternelle de communions encore divisées, qui s'est traduite par la création du Conseil œcuménique des Églises. Le rapport de cette Première Assemblée du COE déclarait expressément que, bien qu'elles fussent une en Christ, les Églises étaient fondamentalement divisées entre deux conceptions mutuellement incompatibles de l'Église : l'une ayant une vision plus « active » et l'autre plus « passive » du rôle de l'Église dans l'œuvre salvifique de Dieu pour le monde[7]. C'est dans ce nouveau contexte œcuménique complexe – dans lequel une convergence sur une christologie vécue aidait les Églises à reconnaître, les unes chez les autres, des vestiges de l'Église une tout en demeurant ecclésialement et ecclésiologiquement divisées – que la Commission de Foi et constitution du Conseil œcuménique des Églises a tenu sa Troisième Conférence mondiale en 1952.

Logiquement, une fois encore, le premier des trois rapports théologiques préparés pour cette Troisième Conférence mondiale[8] se fondait sur un exercice général d'ecclésiologie œcuménique comparative. Les fruits de cet exercice furent rassemblés dans le livre *The Nature of the Church*[9] lequel, à son tour, a débouché sur le troisième chapitre du rapport final de la Conférence, intitulé « Christ et son

---

[4] Dodgson, L. (dir.) : The Second World Conference on Faith and Order held at Edinburgh, August 3-18, 1937, Student Christian Movement Press, Londres 1938, p. 5.

[5] *Ibid.*, pp. 228-235, 236-238.

[6] Cf. Tomkins, O. : *The Church in the Purpose of God. An Introduction to the Work of the Commission on Faith and Order of the World Council of Churches*, Foi et constitution, Genève 1950, p. 34.

[7] Cf. « L'Église universelle dans le dessein de Dieu », in Visser 't Hooft, W. A. (dir.) : *La Première Assemblée du Conseil œcuménique des Églises, Amsterdam, 22 août – 4 septembre 1948 Rapport officiel*, Delachaux & Niestlé, Neuchâtel 1949, pp. 64-72.

[8] *The Church – A Report of a Theological Commission of the Faith and Order Commission of the World Council of Churches in preparation for the Third World Conference on Faith and Order to be held at Lund, Sweden in 1952*, Faith and Order, Londres 1951.

[9] Flew, R. N. (dir.) : *The Nature of the Church – Papers presented to the Theological Commission appointed by the Continuation Committee of the World Conference on Faith and Order*, SCM Press, Londres 1952.

Église »[10]. Ce fut précisément le thème du rapport d'étude[11] présenté, onze ans plus tard, à la Section I de la Quatrième Conférence mondiale de Foi et constitution, intitulé *L'Église dans le dessein de Dieu[12]*.

On retrouve cet accent mis sur l'ecclésiologie œcuménique dans les grandes déclarations sur l'unité reçues par les assemblées du COE : la déclaration de la Nouvelle-Delhi (1961) sur l'unité de tous en un même lieu[13] ; la déclaration de Nairobi (1975) sur l'Église une en tant que communauté conciliaire [14] ; la déclaration de Canberra (1991) sur l'unité de l'Église en tant que *koinonia*/communion[15] ; et la déclaration de Porto Alegre (2006) : *Appelés à être l'Église une[16]*. Toutes ces déclarations ont été des étapes cumulatives menant vers la convergence et un plus grand consensus sur l'ecclésiologie.

Poussée par la vision œcuménique du « tous en un même lieu » amenés par l'Esprit Saint à la pleine unité visible dans la foi apostolique, la vie sacramentelle, le ministère et la mission, la Commission de Foi et constitution a consacré une bonne partie de ses travaux, dans les années qui ont suivi l'Assemblée de la Nouvelle-Delhi (1961), à un texte de convergence : *Baptême, Eucharistie, Ministère[17]*.

Un moment important de la réflexion de Foi et constitution sur l'ecclésiologie a été sa Cinquième Conférence mondiale, qui s'est tenue à Saint-Jacques de Compostelle (Espagne) en 1993. Un certain nombre de facteurs ont déterminé le cours de cette conférence, qui avait pour thème : « Vers la *koinonia* dans la foi, la vie et le témoignage ». Le premier de ces facteurs a été l'interprétation des réactions des Églises à *Baptême, Eucharistie, Ministère*, six volumes de réactions officielles ayant été publiés[18]. L'analyse soigneuse des 186 réactions au *BEM* se terminait par une liste de plusieurs thèmes ecclésiologiques importants qui nécessitaient des études

---

[10] *Report of the Third World Conference on Faith and Order, Lund, Sweden : August 15-28, 1952,* Faith and Order, Londres 1952, pp. 7-11.

[11] *Christ and the Church : Report of the Theological Commission for the Fourth World Conference on Faith and Order,* COE, Genève 1963.

[12] Rodger, P. C. et Vischer, L. (dir.) : *The Fourth World Conference on Faith and Order – Montreal 1963,* Association Press, New York 1964, pp. 41-49.

[13] Visser 't Hooft, W. A. (dir.) : *Nouvelle-Delhi 1961 Conseil œcuménique des Églises : Rapport de la Troisième Assemblée,* SCM Press, Londres 1962, p. 113.

[14] *Briser les barrières : Rapport officiel de la Cinquième Assemblée du COE, Nairobi 1975,* L'Harmattan, Paris 1976.

[15] Kinnamon, M. (dir.) : *Signs of the Spirit – Official Report Seventh Assembly – Canberra, Australia, 7-20 February 1991,* WCC-Eerdmans, Genève-Grand Rapids 1991, pp. 172-174.

[16] Rivera-Pagán L. N. (dir.) : *God, in your Grace : Official Report of the Ninth Assembly of the World Council of Churches,* COE, Genève 2007, pp. 255-261.

[17] *Baptême, Eucharistie, Ministère,* COE, Genève 1982.

[18] Cf. *Churches Respond to BEM,* COE, Genève 1986-1988, volumes I-VI.

supplémentaires : le rôle de l'Église dans le dessein salvifique de Dieu ; la *koinonia* ; l'Église comme don de la Parole de Dieu (*creatura verbi*) ; l'Église comme mystère ou sacrement de l'amour de Dieu pour le monde ; l'Église comme peuple pèlerin de Dieu ; l'Église comme signe prophétique et servante du Royaume de Dieu à venir[19]. Le second facteur, qui a servi de cadre aux discussions de la Conférence de 1993, fut les conclusions du processus d'étude de Foi et constitution : *Vers l'expression commune de la foi apostolique aujourd'hui*[20], qui faisait apparaître une convergence encourageante à propos de tout le contenu doctrinal du Credo, notamment de ce qu'il professe à propos de l'Église. Le troisième facteur fut le processus d'étude *Unité de l'Église et renouveau de la communauté humaine*[21] qui soulignait la nature de l'Église comme signe et instrument du dessein salvifique de Dieu pour le monde. En quatrième lieu, il y avait les questions ecclésiologiques soulevées par le processus conciliaire *Justice, paix et sauvegarde de la création*[22]. En outre, le poids croissant que prenait l'ecclésiologie de communion dans les dialogues bilatéraux s'était traduit par un nouvel élan œcuménique. Dans les années 1980, ces mouvements ont conflué dans la décision, prise par la Commission plénière de Foi et constitution en 1989, de lancer une nouvelle étude sur ce que l'on appelait alors *La nature et la mission de l'Église – Perspectives œcuméniques sur l'ecclésiologie*[23]. Le thème même de la Cinquième Conférence mondiale : « Vers une *koinonia* dans la foi, la vie et le témoignage » reflétait tous ces processus d'étude des années 1980. Si *L'Église – Vers une vision commune* s'inscrit dans la ligne de cette longue trajectoire de la réflexion de Foi et constitution sur l'Église, la Cinquième Conférence mondiale de Foi et constitution, en 1993, a relancé ce travail.

Au bout de plusieurs années d'étude et de dialogue au sein de Foi et constitution, un premier résultat de l'étude sur l'ecclésiologie a été publié en 1998 sous le titre : *La nature et le but de l'Église*[24]. Il s'agissait d'un texte provisoire, comme le précise le

---

[19] Cf. *Baptême, Eucharistie, Ministère : 1982-1990 Rapport sur le processus « BEM » et les réactions des Églises*, COE, Genève 1993, pp. 170-175.

[20] Cf. *Confesser la foi commune – Explication œcuménique de la foi apostolique telle qu'elle est confessée dans le Symbole de NicéeConstantinople (381)*, Cerf, Paris 1993.

[21] Cf. *Église et monde – L'unité de l'Église et le renouveau de la communauté humaine*, Document de Foi et constitution n° 151, COE, Genève 1990.

[22] « Final Document : Entering into Covenant Solidarity for Justice, Peace and the Integrity of Creation », in Niles, D. P. (dir.) : *Between the Flood and the Rainbow : Interpreting the Conciliar Process of Mutual Commitment (Covenant) to Justice, Peace and the Integrity of Creation*, COE, Genève 1992, pp. 164-190 ; cf. Best, T. F. & Robra, M. (dir.) : *Ecclesiology and Ethics : Ecumenical Ethical Engagement, Moral Formation, and the Nature of the Church*, COE, Genève 1997.

[23] Cf. Gassmann, G. : « The Nature and Mission of the Church : Ecumenical Perspectives », in Best, T. F. (dir.) : *Faith and Order 1985-1989 – The Commission Meeting at Budapest 1989*, COE, Genève 1990, en part. pp. 202-204, 219.

[24] *La nature et le but de l'Église – Vers une déclaration commune*, COE, Genève 1998.

sous-titre : *Vers une déclaration commune.* Ce document se compose de six chapitres : « L'Église du Dieu-Trinité », « L'Église dans l'histoire », « L'Église en tant que *koinonia* (communion) », « La vie en communion », « Le service dans le monde et pour le monde » et « Conformément à notre vocation : Passer d'interprétations convergentes à une reconnaissance mutuelle ». Des réactions ont été données à ce texte par des Églises, des organisations œcuméniques et conseils régionaux d'Églises, des établissements universitaires et des personnes à titre individuel. De nombreux commentaires positifs se sont accompagnés de quelques remarques constructives. Par exemple, il apparaissait que, dans *La nature et le but de l'Église,* l'intégration aurait dû être plus poussée : Comment pouvait-on traiter du thème de l'Église en tant que communion indépendamment du chapitre sur l'Église du Dieu-Trinité ? En outre, il a été jugé que certains thèmes étaient absents : par exemple, aucune section n'était consacrée à l'autorité en matière d'enseignement, et il apparaissait que le thème de la mission était insuffisamment traité. En outre, la Conférence mondiale de Santiago avait appelé à une étude sur « la question d'un ministère universel de l'unité des chrétiens »[25], ce dont il n'était pas question dans le texte. Un autre élément important : Dans son encyclique de 1995 sur l'engagement œcuménique : *Ut unum sint,* dans lequel il invitait à dialoguer à propos du ministère de l'évêque de Rome, le pape Jean-Paul II citait la recommandation que Foi et constitution avait faite à Santiago[26].

Après avoir pris le temps de recevoir les réactions, la Commission a entrepris de réviser son texte sur l'ecclésiologie et a publié un nouveau projet intitulé : *La nature et la mission de l'Église*[27], qui a été présenté à l'Assemblée du COE à Porto Alegre (Brésil) en 2006. Pour essayer de tenir compte des suggestions contenues dans les diverses réactions, il se composait de quatre chapitres : « L'Église du Dieu trinitaire », « L'Église dans l'histoire », « La vie de communion dans le monde et pour le monde » et « Dans et pour le monde ». Le premier chapitre reprenait une bonne partie des éléments bibliques relatifs à la nature de l'Église en tant que peuple de Dieu, Corps du Christ et temple de l'Esprit Saint, avec des éléments bibliques évoquant l'Église en tant que communion (*koinonia*) ainsi que la mission de l'Église en tant que servante du Royaume ; ce chapitre reprenait en outre l'affirmation du Credo sur l'Église Une, Sainte, Catholique et Apostolique. Le deuxième chapitre, consacré à l'histoire, exposait les problèmes qui affligent les Églises dans leur état actuel de division : Comment harmoniser la diversité avec

---

[25] Best, T. F. et Gassmann, G. (dir.) : *On the Way to Fuller Koinonia : Official Report of the Fifth World Conference on Faith and Order,* COE, Genève 1994, p. 243.

[26] *Lettre encyclique Ut unum sint du Souverain Pontife Jean-Paul II sur l'engagement œcuménique,* Libreria Editrice Vaticana, Rome 1995, paragraphe 89.

[27] *La nature et la mission de l'Église — Vers une déclaration commune,* Document de Foi et constitution n° 198, COE, Genève 2005.

l'unité, et qu'est-ce qui constitue une diversité légitime ? Quelle conception les Églises ont-elles de ce qu'est l'Église locale et de la manière dont celle-ci est liée à toutes les autres Églises ? Quelles sont les questions historiques et actuelles qui divisent les chrétiens ? Le troisième chapitre exposait les éléments nécessaires pour la communion entre les Églises, tels que la foi apostolique, le baptême, l'eucharistie, le ministère, l'*épiskopè*, les conciles et les synodes, à quoi sont venus désormais s'ajouter les thèmes de la primatie et de l'autorité universelles. Dans le dernier chapitre était brièvement étudié le service de l'Église au monde, qui consiste à assister les personnes qui souffrent, à défendre celles qui sont opprimées, à témoigner du message moral de l'Évangile, à œuvrer pour la justice, la paix et la protection de l'environnement et, de façon générale, à chercher à promouvoir une société humaine qui soit plus en harmonie avec les valeurs du Royaume de Dieu.

Ce texte révisé sur l'ecclésiologie portait également en sous-titre la précision : « Vers une déclaration commune », et lui aussi a été envoyé, pour réactions, aux Églises. Plus de quatre-vingts réactions ont été reçues, quoiqu'une trentaine seulement provenant spécifiquement d'Églises. La plupart des réactions des Églises, des établissements universitaires et œcuméniques et, tout particulièrement, d'agences missionnaires se félicitaient de constater que l'on donnait une plus grande importance à la mission de l'Église, au point qu'elle était mentionnée dans le titre. Dans d'autres commentaires, certains craignaient que l'emploi de ces deux mots – nature et mission – n'obscurcissent le fait que, de par sa nature même, l'Église est missionnaire. Pour aider le Groupe de travail sur l'ecclésiologie à évaluer les réactions à *La nature et la mission de l'Église,* le Secrétariat de Foi et constitution a préparé, pour chaque réaction, une synthèse détaillée et une analyse préliminaire.

Lorsqu'on a procédé à l'évaluation de *La nature et la mission de l'Église,* trois mesures particulièrement importantes ont été adoptées. En premier lieu, la Commission de Foi et constitution, avec ses 120 membres représentant les différentes Églises, s'est réunie en Crète en octobre 2009. À cette réunion participaient un bon nombre de personnes qui assistaient pour la première fois à une réunion de Foi et constitution, et la réunion a été organisée de façon à permettre aux membres de la Commission d'apporter le meilleur de leur contribution aux trois projets d'étude de Foi et constitution, et en particulier à l'étude sur l'ecclésiologie. *La nature et la mission de l'Église* fut longuement discuté au cours de plusieurs séances plénières[28]. Une recommandation importante de la Commission plénière a été de raccourcir le texte et de le rendre plus contextuel afin qu'il reflète mieux la vie des Églises dans le

---

[28] Cf. Gibaut, John (dir.) : *Called to be the One Church : Faith and Order at Crete,* COE, Genève 2012, pp. 147-193. [29]

monde entier et qu'il soit plus accessible à un cercle de lecteurs aussi large que possible. Douze groupes de travail ont discuté *La nature et la mission de l'Église* et ont procédé à une évaluation détaillée de ce texte.[29]

En second lieu, en juin 2010, à Sainte-Etchmiadzine (Arménie), la Commission permanente de Foi et constitution a décidé que, les réactions à *La nature et la mission de l'Église* ayant été soigneusement analysées et le texte adopté par la Commission plénière réunie en Crète ayant fait l'objet d'une évaluation, le moment était venu d'aborder une version finale. Un comité de rédaction fut nommé, qui se composait de théologiens anglicans, catholiques, luthériens, méthodistes, orthodoxes et réformés ; les deux coprésidents venaient, respectivement, de la tradition méthodiste et de la tradition réformée.

En troisième lieu, la Commission était consciente d'une grave lacune constatée lors du processus d'examen des réactions : aucune réponse de fond n'avait encore été donnée par les Églises orthodoxes chalcédoniennes et non chalcédoniennes. C'est pourquoi un important colloque interorthodoxe fut organisé à Aghia Napa, à Chypre, en mars 2011, auquel participaient 40 théologiens délégués de 10 Églises orthodoxes et trois Églises orthodoxes orientales ; ce colloque a rédigé une longue évaluation de *La nature et la mission de l'Église*. Il a notamment fait une proposition importante : intégrer plus clairement les passages relatifs au baptême, à l'eucharistie et au ministère dans la présentation de ce qui est essentiel à la vie de l'Église. Ce colloque et son rapport ont tenu une place importante lors de la réunion suivante du Groupe de travail sur l'ecclésiologie et joué un rôle tout particulier dans le processus qui s'est conclu par le nouveau texte.

Une sérieuse analyse des réactions s'est poursuivie lors de la première réunion du comité de rédaction à Genève, à la fin novembre 2010. Ce processus a été relancé après le colloque inter-orthodoxe du début mars 2011. Une réunion du Groupe de travail sur l'ecclésiologie, qui a eu lieu à Colombus (Ohio – États-Unis) à la fin de ce même mois, a rédigé une nouvelle version du texte, laquelle a été présentée à la Commission permanente de Foi et constitution réunie à Gazzada (Italie) en juillet 2011. Les membres de la Commission ont fait de nombreux commentaires à ce sujet, la plupart étant nettement favorables ; il a cependant été suggéré que le texte mette mieux en valeur les manières dont on a progressé pour parvenir à une plus grande convergence, spécialement à propos du ministère et en particulier dans les déclarations conjointes des dialogues bilatéraux ainsi que dans les travaux récents

---

[29] Cf. *ibid.*, pp. 207-231.

de Foi et constitution tel que le document d'étude *Un seul baptême : Vers une reconnaissance mutuelle.*[30]

Il a été donné suite à cette demande en renforçant certaines formulations et en les complétant de notes qui étayent les progrès réalisés en matière de convergence. Par la suite, une autre version a été préparée par le comité de rédaction à l'Institut œcuménique de Bossey (Suisse) en décembre 2011. Le comité de rédaction a été très aidé par des réflexions présentées par le secrétariat de la Commission de Mission et évangélisation, du COE. Le texte obtenu fut ensuite soumis, pour nouvelle évaluation, à quatre experts œcuméniques extérieurs ; le comité de rédaction a étudié leurs suggestions et les a incorporées dans le texte ; celui-ci fut présenté au Groupe de travail sur l'ecclésiologie lors d'une réunion qui s'est tenue à Freising (Allemagne) à la fin mars 2012. S'appuyant sur les discussions et réactions de la réunion de Freising, le Groupe de travail sur l'ecclésiologie a finalement rédigé la version finale à présenter à la Commission permanente de Foi et constitution.

À Penang (Malaisie), le 21 juin 2012, cette version finale fut présentée à la Commission permanente, qui l'a approuvée à l'unanimité, en tant que document de convergence, avec le titre : *L'Église – Vers une vision commune*. Le texte présenté ici ne constitue donc pas une étape dans l'attente d'une autre déclaration commune : c'est la déclaration commune vers laquelle tendaient ses versions antérieures : *La nature et le but de l'Église* et *La nature et la mission de l'Église*. *L'Église – Vers une vision commune* marque l'achèvement d'une étape particulière de la réflexion de Foi et constitution sur l'Église. La Commission considère que ses réflexions ont atteint un point de maturité tel que ce texte peut être considéré comme un document de convergence, c'est-à-dire un texte ayant le même statut et le même caractère que *Baptême, Eucharistie, Ministère*, de 1982. C'est en tant que tel qu'il est envoyé aux Églises comme un point de référence commun qui devrait leur permettre de vérifier ou discerner leurs propres convergences ecclésiologiques les unes avec les autres et, ainsi, les aider à poursuivre leur pèlerinage vers la manifestation de cette unité pour laquelle Christ a prié. Lors de sa réunion en Crète au début septembre 2012, le Comité central du Conseil œcuménique des Églises a reçu *L'Église – Vers une vision commune* et l'a recommandé aux Églises membres pour examen et réactions officielles.

---

[30] *One Baptism : Towards Mutual Recognition,* COE, Genève 2011.